Der aus
Massachusetts stammende
Sozialreformer Benjamin Thompson,
besser bekannt als Graf von Rumford,
erfand zur Versorgung der Ärmsten die
legendäre Rumfordsuppe, in die nach bösen
Zungen alles hineingehört,
was rumliegt und
fort muss.

Klaus Reichold ist gebürtiger Münchner und wuchs in einem Bauerndorf vor den Toren der Stadt auf. Für die Lokalredaktion der
Süddeutschen Zeitung zog er schon als Schüler durchs Land. Nach
dem Studium der Geschichte und der Philosophie in München
und Siena arbeitete er als Autor kulturhistorischer Publikationen,
Hörfunksendungen und Fernsehdokumentationen für den *Bayerischen Rundfunk* und für Verlage wie *Hoffmann und Campe*, *Prestel*
und *Pustet*. Er ist Programmleiter des *bavaricum@histonauten*, einer kleinen Akademie für die Kulturgeschichte Bayerns.
In der *Edition Luftschiffer* ist von ihm und Thomas Endl die Biographie
König Ludwigs II. *Die phantastische Welt des Märchenkönigs* erschienen.

Zweite Auflage 2021
ISBN 978-3-944936-48-2

Coverfoto (Thomas Endl): Maurischer Kiosk im Schlosspark Linderhof
(Bayerische Verwaltung der staatlichen Schlösser, Gärten und Seen)
Wolken im Vor- und Nachsatz: Zenzeta (stock.adobe.com)

Druck/Bindung: Booksfactory,
PRINT GROUP Sp. z o.o., ul. Księcia Witolda 7, 71-063 Szczecin

Die Edition Luftschiffer ist ein Imprint der edition tingeltangel

Mehr Informationen zum Verlag:
www.edition-tingeltangel.de und auf Facebook

Warum Bayern ein orientalisches Land ist

und andere weiß-blaue Wahrheiten

Klaus Reichold

Edition
LUFTSCHIFFER

Prolog

Bitte entschuldigen Sie, dass ich mit mir anfange. Aber das erklärt vielleicht am besten, wie es zu diesem Büchlein gekommen ist. Ich bin auf dem Land aufgewachsen, in Siegertsbrunn, einem Dorf vor den Toren Münchens. Der Dachboden der Wallfahrtskirche St. Leonhard, die Scheunen der Bauernhöfe, die Wälder und Kiesgruben ringsum waren für uns Kinder die tollsten Abenteuerspielplätze. Sonntags wurden wir Buben mit gewaschenem Hals in den Trachtenanzug gesteckt und zum Ministrieren geschickt. Und wenn sich dem Hochamt an Fronleichnam, Mariae Himmelfahrt oder Kirchweih ein Wirtshausbesuch mit den Eltern anschloss, dann war das ein Ereignis von herausragender Bedeutung.

Mein weiterer Lebensweg schien vorgezeichnet: Burschenverein, Feuerwehr, Krieger- und Soldatenkameradschaft, am Ende eine *Schöne Leich'* mit Glockengeläut, Böllerschüssen und, bei guter Führung, eine wohlwollende Ansprache des *CSU*-Bürgermeisters am offenen Grab.

Der Traum zerplatzte, als mich meine Eltern auf ein Gymnasium in der Stadt schickten. Mein breites Bairisch verstand dort kein Mensch. Hochdeutsch wurde meine erste Fremdsprache. Und die Gewissheiten bröckelten – erst recht, als sich dem Abitur das Studium der Bayerischen Landesgeschichte anschloss.

Ich lernte, dass es vor 150 Millionen Jahren in Bayern keinen einzigen Biergarten mit schattenspendenden Kastanien und Alpenblick gab, dafür eine tropische Insel-, Riff- und Lagunenlandschaft voller Krokodile, Fisch- und Flugsaurier, in der Kulturpflanzen wie Hopfen und Gerste noch gar nicht vorkamen, weswegen Menschen dort keinerlei Überlebenschance gehabt hätten.

Ich lernte, dass die Kelten, die die Stadtkultur in Bayern begründeten, mit den gälisch sprechenden Iren und Schotten, mit den Galliern aus *Asterix*, mit den nordwestspanischen Galiciern und mit den Galatern der Bibel verwandt gewesen sein dürften – und dass sie mit dem hübschen goldenen Kultbäumchen, das in Manching ausgegraben wurde, möglicherweise den Vorläufer des Maibaums hinterlassen haben.

Ich lernte, dass die römischen Beamten und Legionäre, die aus dem Mittelmeerraum nach Bayern kamen, um Kastelle, Straßen, Thermen, *villae rusticae* und den Limes zu bauen, nicht ahnten, dass das Land, in dem sie sesshaft wurden, irgendwann *Bayern* heißen würde, und folglich nicht einmal dann *Bairisch* sprachen, wenn sie beim *Mulsum*, einem mit Honig gesüßten Gewürzwein, in der Taverne saßen – sondern Latein.

Ich lernte, dass die christliche Kultur in Bayern keine weiß-blaue Erfindung ist, sondern von Glaubensboten *importiert* wurde, die ursprünglich anderswo zuhause waren: an der Côte d'Azur (Marinus, einer der beiden Heiligen vom Irschenberg), in der Nähe von Paris (Korbinian, der erste Bischof von Freising), in Wessex (Willibald, der erste Bischof von Eichstätt) oder in Worms (Rupert, der erste Bischof von Salzburg und Namensgeber des oberbayerischen Rupertiwinkels).

Ich lernte, dass Regensburg wohl schon in den Tagen der Römer eine jüdische Gemeinde beherbergt hat, zu der im zwölften Jahrhundert eine bedeutende Talmudschule und ein rabbinisches Gericht gehörten. Im Mittelalter kam dem jüdischen Sabbat vielerorts eine ähnliche Bedeutung zu wie dem christlichen Sonntag. Denn jüdische Gemeinden, die freilich immer wieder mit Ausgrenzungen und Pogromen zu kämpfen hatten, gab es damals nicht nur in München und Regensburg, sondern beispielsweise auch in Burghausen, Cham, Deggendorf, Dießen am Ammersee, Ingolstadt, Landshut, Mühldorf, Passau, Straubing oder Vilshofen.

Ich lernte, dass die bayerische Herzogin Theodora Komnena, als Nichte des byzantinischen Kaisers Manuel I. in Konstantinopel geboren, ihren Gatten Heinrich Jasomirgott in der *Hagia Sophia* heiratete und in Bayern derart vom Heimweh geplagt worden sein soll, dass sie den Kammerfrauen auftrug, ihre Kinder mit dem angeblich aus griechischer Tradition stammenden Abendlied *Eia popeia* in den Schlaf zu wiegen.

Ich lernte, dass Heinrich der Löwe, der angebliche Gründer Münchens, kein Bayer, sondern bestenfalls ein Schwabe war, dass er seine große Zeit als Herzog von Sachsen hatte und dass er seine königsgleiche Stellung durch die ambitionierte Förderung von Städten wie Braunschweig, Hamburg, Hannover, Lübeck, Schwerin und Stade untermauerte.

Ich lernte, dass lang nicht ausgemacht war, ob Bayern dem Papst die Treue halten oder doch zur Lehre Martin Luthers überlaufen würde, und dass die Entscheidung bei einer Schachpartie zwischen dem katholischen Herzog Albrecht V. von Bayern und dem evangelischen Kurfürsten August von Sachsen gefallen sein soll: Die beiden seien sich einig gewesen, dass der Verlierer die Konfession des Siegers annehmen müsse, was der Beichtvater Albrechts V. zu verhindern gewusst habe, indem er im letzten Moment die Schachfiguren vom Brett wischte.

Ich lernte, dass die islamische Kultur schon seit über 300 Jahren zu Bayern gehört. 1686 brachte Max Emanuel, der *Blaue Kurfürst*, aus dem Großen Türkenkrieg 345 osmanische Gefangene mit nach Bayern, darunter auch kleine Mädchen. Die Männer mussten im Münchner Umland Kanäle für die Gondelfahrten des prunksüchtigen Wittelsbachers ausheben, wurden in aller Regel mit bayerischen Frauen verheiratet und zeugten Kinder, deren Nachfahren später sogar in Adel und Klerus Karriere machten. Im Gefolge der Auseinandersetzungen zwischen dem Kaiser in Wien und dem Sultan in Konstantinopel kam neben der Limonade, ohne die eine Radlermass undenkbar wäre, auch der Kaffee nach Bayern. Und das Schlagwerk der Janitscharen fand Eingang in die bayerische Blasmusik. Die zischenden Becken, die *Großen Trommeln* mit ihrem ohrenbetäubenden Klang und der rasselnde Schellenbaum, seiner Form wegen auch *Halbmond* oder *Mohammedsfahne* genannt, waren ursprünglich dazu gedacht, die Gegner der Osmanen in die Flucht zu schlagen. Heute schaffen sie die unvergleichliche Lärmkulisse für Aufmärsche bayerischer Gebirgsschützen und Trachtlerinnen.

Ich lernte, dass es ein Amerikaner war, der dem *Erdapfel* in Bayern zum kulinarischen Durchbruch verhalf und damit als Vater der Kartoffelknödel und der Reiberdatschi gelten kann, die heute zum Standardrepertoire der bayerischen Küche gehören.

Ich lernte, dass jene Wittelsbacher, die ab 1806 als Könige die Geschicke des Landes bestimmten, gar nicht aus Bayern stammten, dass ihre direkten Vorfahren evangelisch waren, über Generationen in französischen Diensten standen und vielfach in vergessenen elsässischen Dorfkirchen zur letzten Ruhe gebettet wurden.

Ich lernte, dass in München ab 1887 die drittgrößte Synagoge Deutschlands stand. Sie wurde – dank der Unterstützung König Ludwigs II. – auf einem Grundstück inmitten der Altstadt errichtet und prägte zusammen mit den Türmen der Frauenkirche bis 1938 die Silhouette der Stadt. Die Emanzipation der Juden schien endgültig geglückt und äußerte sich auch darin, dass Juden im gesellschaftlichen, kulturellen und politischen Leben der damaligen Isarmetropole eine große Rolle spielten: Joseph Schülein war am Ende der Prinzregentenzeit einer der bedeutendsten Bierbarone Münchens und kaufte 1921 den *Löwenbräu* auf. Kurt Eisner war der erste Ministerpräsident des Freistaats Bayern. Lion Feuchtwanger gehörte in den Tagen der Weimarer Republik zu den einflussreichsten Literaten deutscher Sprache. Und Kurt Landauer führte den *FC Bayern* 1932 als Präsident erstmals zum deutschen Meistertitel.

Ich lernte, dass die bayerische Landeshauptstadt in den 1930er Jahren für junge Intellektuelle aus dem türkisch-arabischen Raum neben Berlin der attraktivste Studienort im Deutschen Reich war, weswegen es damals schon einen *Islamischen Studentenbund München* gab. Gegen Ende des Zweiten Weltkriegs strandeten Tausende tatarischer und usbekischer Soldaten islamischen Glaubens, die von *Wehrmacht* und *SS* angeheuert waren, in Bayern, woraufhin Alimcan Idris, der später als Imam im oberbayerischen Mittenwald wirkte, erste Pläne für die Errichtung eines Muftiats in Deutschland skizzierte.

Ich lernte, dass Bayern – obwohl es entsprechende Bestrebungen gegeben hatte – nach dem Ende des Zweiten Weltkriegs nicht zur Monarchie zurückkehrte, sondern ein Freistaat blieb, der neben der *CSU* von Anfang an weitere Parteien kannte, etwa die *SPD*. Dass die Bayerischen Verfassungen von 1919 und 1946 maßgeblich von Sozialdemokraten erdacht wurden, die sogar als bayerische Ministerpräsidenten amtierten, erscheint mir heute unfassbar – ebenso die Tatsache, dass die Väter des Nachkriegs-Bayerns erfolgreich dafür sorgten, dass hierzulande nicht der Stammtisch die letzte Instanz ist, sondern der Bayerische Verfassungsgerichtshof.

Ich lernte, dass 1950 über ein Viertel der Bevölkerung Bayerns, insgesamt rund zweieinhalb Millionen Menschen, gar nicht aus weiß-blauen Landen kamen, sondern als *Displaced Persons*, Flüchtlinge, Heimatvertriebene oder Luftkriegsevakuierte in Bayern hängengeblieben waren. Sie stammten ursprünglich aus Norddeutschland und der sowjetischen Besatzungszone, aus den Baltischen Staaten, aus der DDR, aus Jugoslawien, Ostpreußen, Polen, Rumänien, Schlesien, aus der Tschechoslowakei oder aus der Sowjetunion. Donauschwaben waren darunter, Karpaten- und Sudetendeutsche, die – neben Altbayern, Franken und Schwaben – vom bayerischen Staat als *vierter Stamm* aufgenommen wurden. Sie alle, zu denen sich die Spätaussiedler gesellten, brachten ihr

Know-how, ihre Traditionen und eine bewundernswerte Integrationsfähigkeit mit, trugen maßgeblich zum Wiederaufbau bei, zum wirtschaftlichen Aufschwung, zum Aufblühen der Städte und zur konfessionellen Vielfalt. Sie gaben Bayern ein neues Gesicht.

Ich lernte, dass sich diese Entwicklung in ähnlicher Weise fortsetzte, als die bayerische Landeshauptstadt Ende der 1950-er Jahre zum Drehkreuz der in Deutschland händeringend erwarteten Gastarbeiter wurde. Ohne sie wäre das Wirtschaftswunder kaum wahr geworden. Auf Gleis 11 des Münchner Hauptbahnhofs trafen die Züge aus Süd- und Südosteuropa ein. Die *Weiterleitungsstelle des Landesarbeitsamts Südbayern* vermittelte die Arbeitskräfte aus dem Ausland im Auftrag der Bundesregierung zu ihren Bestimmungsorten in der ganzen Republik. In Bayern brauchte man vor allem Helfer in der Landwirtschaft. Die Gastarbeiter stemmten aber auch den Bau des Münchner Olympiageländes, der S-Bahn und der U-Bahn. Sie standen bei *BMW* am Fließband, kehrten die Straßen, leerten den Müll – und revolutionierten die Gastronomie: Döner, Pizza und gesunde Rohkostsalate waren bis dato in Bayern praktisch unbekannt. Ende September 1970 waren knapp 300.000 ausländische Erwerbstätige in Bayern gemeldet, darunter Griechen, Italiener, Jugoslawen, Marokkaner, Portugiesen, Spanier, Tunesier und Türken. Viele kehrten in ihre Heimatländer zurück. Ähnlich viele holten ihre Familien nach, blieben und wurden zu Einwanderern, deren Nachfahren sich heute vermutlich eher als bayerische Landeskinder fühlen denn als Anatolier, Kroaten oder Sizilianer.

Mia san mia?

Im Nachhinein erinnerte ich mich, dass schon meine Siegertsbrunner Kindertage viel bunter waren, als ich sie in Erinnerung zu haben glaubte. Beim *Alten Wirt* standen nicht nur Leberknödelsuppe, Saures Lüngerl und Kalbsbraten auf der Speisekarte, sondern auch *Böfflamott*, ein nach französischer Art gekochtes Rindfleisch (*Bœuf à la mode*), *Szegediner Gulasch*, das trotz seiner ungarischen Bezeichnung wohl eher aus Wien kommt, und Krautwickerl, die schon im alten Byzanz als Delikatesse galten. Im Dorf lebten nicht nur *Alteingesessene* katholischen Glaubens, sondern auch Zugezogene evangelischer Konfession, es gab Sudetendeutsche, Amerikaner und Italiener, eine jüdische Familie, eine Familie mit schwarzen, adoptierten Kindern, ja sogar ein schwules Paar. Die Siegertsbrunner Bauern taten sich zusammen und schickten einem jungen Landwirt aus Bolivien, der im Dorf ein Praktikum gemacht hatte und Mitglied im Burschenverein geworden war, einen Container voller Maschinen und Geräte, damit er sich auf der anderen Seite der Erdhalbkugel eine sichere Existenz aufbauen konnte. Und der lebenslustige Pfarrer – ein weltoffener Altbayer – lud russisch-orthodoxe Mitbrüder an seine Kaffeetafel und tanzte leidenschaftlich Tango.

Auch hinsichtlich meiner Familie gewahrte ich im Nachhinein Erstaunliches: Von meinen Urgroßvätern erblickte der eine im Großherzogtum Mecklenburg das Licht der Welt, der andere im zaristischen Russland, der dritte in der Markgrafschaft Baden und lediglich der vierte, Johann Reichold, in weiß-blauen Landen, nämlich im *Königlich Bayerischen Staatsgut Schleißheim*. Die Reicholds sind aber nicht alle katholisch. Es gibt auch einen protestantischen Familienzweig – und einen jüdischen.

Mein Vater, ein gebürtiger Reichenhaller, hatte als Verlagskaufmann nicht nur ein Büro in München, sondern auch eines in Hamburg – im dortigen *Chile-Haus*. Meine Mutter kam aus einer Familie, die bis 1946 im oberschlesischen Gleiwitz lebte, und sprach ursprünglich gar kein Bairisch, dafür aber Polnisch.

Mia san mia?

Inzwischen ist mir klar: In einem Land, das 1804 – neben dem unvermeidlichen Löwen – auch einen Elefanten in seinem Wappen getragen hat (wobei ich nicht erkennen kann, ob es sich um ein afrikanisches oder indisches Exemplar handelt), muss man, um als gleichberechtigtes Mitglied der Gesellschaft zu gelten, keine Ahnen vorweisen, die schon 955 bei der Schlacht auf dem Lechfeld unter dem Banner des Herzogs von Bayern gekämpft haben. Man muss nicht einmal katholisch sein.

Eine der originellsten Definitionen von Heimat, die mir je untergekommen ist, stammt aus der Feder von Shalom Ben-Chorin. Der jüdische Religionsphilosoph wurde 1913 in München geboren, emigrierte 1935 nach Palästina und starb 1999 in Jerusalem. Er trat leidenschaftlich für die Versöhnung ein und antwortete auf die Frage, wo er zuhause sei: im *Zweistromland*, nämlich zwischen Isar und Jordan.»Aus diesem geographisch nicht zu begrenzenden Raum bin ich eigentlich nie ausgewandert … Isar und Jordan sind weit voneinander entfernt, doch sie münden in *ein* Herz. So seltsam spielen Geographie und Anthropologie ineinander.«[1]

Wenn man es so sieht, ist Bayern tatsächlich ein orientalisches Land – zumal der Begriff *Orient* ja schon immer mehr meint als eine bestimmte Weltregion: In diesem Wort schwingt eine bezaubernde Fremdheit und Schönheit mit, eine leise Ahnung von Geheimnis, Märchen und Exotik – alles also, was für Bayern typisch ist.

Insofern kann man von Glück sprechen, dass das oft bemühte *Mia san mia* in aller Regel völlig falsch verstanden wird. Die meisten Zeitgenossen mögen diesen Spruch für die Kurzfassung des bayerischen Lebensgefühls halten, für eine zünftige Beschreibung weiß-blauen Draufgängertums mit chauvinistischem Unterton. Nichts davon trifft zu. *Mia san mia* stammt weder aus Bayern, noch ist es geeignet, eine irgendwie geartete Hemdsärmeligkeit auszudrücken. Denn es taucht zum ersten Mal Ende des 19. Jahrhunderts in Wien auf und diente dort lediglich der Selbstvergewisserung des *k.u.k. Infanterieregiments Hoch- und Deutschmeister Nr. 4*, das im österreichischen Militär insofern eine Sonderstellung einnahm, als seine Musiker in späteren Jahren an keinem Feldzug mehr teilnahmen, sondern nur noch zum Plaisir der Wiener Gesellschaft aufspielten. Dazu passt, dass Carl Michael Ziehrer, der Kapellmeister des Regiments, später Hofball-Musikdirektor wurde und Stücke komponierte, die zum Beispiel bei den Neujahrskonzerten der *Wiener Philharmoniker* erklingen.

Diese Geschichte macht das *Mia san mia* geradezu sympathisch – ebenso die Verwendung dieses Spruchs als Slogan des *FC Bayern*. Denn wenn ein Fußballverein, dessen Spieler aus gefühlt 111 Nationen stammen, unter diesem Motto auftritt, dann kann er damit eigentlich nur die Buntheit seiner Truppe zum Ausdruck bringen wollen, die deshalb zusammenfindet, weil sie ein gemeinsames Ziel vor Augen hat.

Dieses Selbstverständnis muss jetzt nur noch in die *Bayernhymne* einfließen. Das dürfte uns nicht schwerfallen. Django Asül, der niederbayerische Kabarettist mit türkischen Wurzeln, verweist zurecht darauf, dass Bayern nicht nur »einer der ältesten Staaten Europas« ist, sondern auch schon »immer ein Vielvölkerstaat«[2] war.

Ein Textvorschlag für eine neue dritte Strophe der *Bayernhymne*, den drei Schüler der *Beruflichen Oberschule Bad Tölz* im Jahr 2012 eingereicht haben, wäre geeignet, dieser Tatsache Rechnung zu tragen:

»Gott mit uns und allen Völkern,
Ganz in Einheit tun wir kund:
In der Vielfalt liegt die Zukunft,
In Europas Staaten Bund!
Freie Menschen, freies Leben
gleiches Recht für Mann und Frau!
Goldne Sterne, blaue Fahne
und der Himmel, weiß und blau.«[3]

Warum Berlin genau genommen zu Bayern gehört

Eigentlich wären die Grafen von Bogen keiner Erwähnung wert. Denn sie führten sich auf einen Ahnherrn zurück, der als Adalbert der Charakterlose in die Geschichte eingegangen ist, galten als ziemliche Rabauken und sind zur allgemeinen Erleichterung schon im Jahr 1242 ausgestorben. Trotz ihres zweifelhaften Rufs werden sie allerdings nie dem Vergessen anheimfallen. Sie hinterließen nämlich ein ebenso markantes wie einprägsames Wappen, das noch heute wie kein anderes Symbol für Bayern steht: die weiß-blauen Rauten, von eingefleischten Heraldikern *Wecken* genannt. Woher diese Wecken stammen, weiß kein Mensch. Gehen sie auf Eisengitter zurück, mit denen die Grafen von Bogen ihre Kampfschilde verstärkten? Oder zeugen sie einfach nur davon, dass diese mittelalterlichen Haudegen aus dem Niederbayerischen eine ästhetische Schwäche für gleichseitige Parallelogramme hatten? Und warum, in Gottes Namen, sind die Rauten ausgerechnet weiß-blau, beziehungsweise silber-blau, wie es heraldisch richtig heißen müsste? Jedenfalls *vererbten* die Grafen von Bogen ihr Hoheitszeichen an die Wittelsbacher – und damit an eine Dynastie, die von 1180 bis 1918, also 738 Jahre lang über Bayern herrschte und den weiß-blauen Rauten zu internationaler Reputation verhalf.

Die bayerischen Wecken sind nämlich keineswegs nur in Bayern zu finden. Der Landkreis Karlsruhe trägt sie im Wappen, die alte saarländische Steinkohlestadt St. Ingbert, das romantisch am Rhein gelegene Bacharach. Auch Weinheim an der Bergstraße, das für seine frühe Mandelblüte berühmt ist, schmückt sich mit ihnen – ganz zu schweigen von den alten Winzerdörfern entlang der Deutschen Weinstraße: Von Mölsheim im Norden bis Oberotterbach im Süden stößt man zwischen den Rebhängen alle paar Kilometer auf Ortswappen mit den weiß-blauen Rauten. Außerdem zieren sie die größte Glocke des Bonner Münsters, den Westgiebel von Schloss Mainau im Bodensee und den Marstall von Schloss Neuhaus bei Paderborn. Sie prangen auf mittelalterlichen Münzen belgischer Provenienz, gaben im 15. Jahrhundert dem Siegel der vereinigten Königreiche von Dänemark, Schweden und Norwegen eine exotische Note und schmückten von 1832 bis 1862 das Wappen der griechischen Monarchie.

Angesichts dieser fast schon weltumspannenden Verbreitung der weiß-blauen Rauten stellt sich fast zwangsläufig die Frage: Ist Bayern eigentlich überall?

Das nicht. Aber die Wittelsbacher – die ursprünglich auf der Burg Scheyern bei Pfaffenhofen zuhause waren, dann auf die Burg *Vitelinesbac* bei Aichach umzogen und sich fürderhin nach ihrem neuen Wohnsitz nannten – waren ebenso energisch wie erfolgreich. Und wo sie sich einmal festgesetzt hatten, tauchten bald auch die bayerischen Wecken auf. Dabei erfreute sich dieses Geschlecht – ähnlich wie die Grafen von Bogen – ursprünglich nur eingeschränkter Sympathie. Bischof Otto von Freising, einer der bedeutendsten Geschichtsschreiber des deutschen Mittelalters, hatte ihre hemdsärmelige Machtpolitik am eigenen Leibe erfahren und beurteilte sie einigermaßen unfreundlich: Sie neigten zur Bösartigkeit, seien ebenso verblendet wie gewalttätig und lebten vor allem von Diebstahl und Straßenraub. Aus diesem Grund kämen sie für keinerlei Amt in Frage, sei es ein kirchliches oder weltliches.[4] Kaiser Friedrich Barbarossa sah die Sache allerdings anders. Er schätzte gerade ihre zupackende Art und belehnte sie 1180 mit Bayern. Als sein Enkel, Friedrich der Staufer, den

Wittelsbachern 1214 auch noch die Pfalz dazugab, war ihr Aufstieg nicht mehr zu bremsen. Sie nannten sich jetzt *Herzöge von Bayern* und *Pfalzgrafen bei Rhein* – und legten unter anderem den Grundstein zum Heidelberger Schloss, dessen imposante Ruine bis heute hoch über dem Neckar thront.

Bei der Pfalz, deren linksrheinischer Teil bis 1945 zu Bayern gehörte, weswegen auch Städte wie Kaiserslautern, Pirmasens oder Zweibrücken eine weiß-blaue Vergangenheit haben, blieb es freilich nicht. Im Lauf der Jahrhunderte fielen den bayerischen Herrschern aus dem Hause Wittelsbach alle möglichen Territorien zu. Viele kamen ihnen aber rasch wieder abhanden. Folglich änderte das Land so oft seine Grenzen, dass jedem Kartographen die Verzweiflung ins Gesicht geschrieben steht. Wer also bisher dachte, die Sache sei ganz einfach, denn bekanntermaßen lebten die Bayern gleich rechts hinter dem Mond, muss sich eines Besseren belehren lassen. Die geographische Verortung dieses Volkes ist sehr viel komplizierter.

Nicht nur Düsseldorf und Mannheim waren zeitweise bayerische Nebenresidenzen. Auch Berlin wurde weiß-blau vereinnahmt: Fünfzig Jahre, von 1323 bis 1373, zählte die Mark Brandenburg samt der heutigen Bundeshauptstadt zum bayerischen Machtbereich. Und ausgerechnet ein Wittelsbacher – Ludwig der Römer, so genannt, weil er in der *Ewigen Stadt* das Licht der Welt erblickt hatte – wurde ihr erster Kurfürst. Man kann allerdings nicht behaupten, dass die bayerischen Herrscher an der Spree leichtes Spiel gehabt hätten. Ihr Versuch, aus den späteren Preußen überzeugte Bayern zu machen, scheiterte jedenfalls empfindlich. Sie stießen auf breite Ablehnung und wurden Opfer einer regionaltypischen Köpenickiade: Der *Falsche Waldemar* machte ihnen den Thron mit der Behauptung streitig, ein längst für tot gehaltener Markgraf aus dem askanischen Herrscherhaus zu sein und damit ältere Rechte an den brandenburgischen Territorien zu haben. Bei einem Huldigungsritt ließ er sich allerorten feiern und gewährte großzügige

Privilegien. Es gelang ihm sogar, den Kaiser zu blenden. Am Ende flog der Hochstapler freilich auf. Tatsächlich soll er ein Müllergeselle namens Jakob Rehbock gewesen sein. Erstaunlicherweise brach ihm aber nicht einmal seine Entlarvung das Genick. »In stiller Zurückgezogenheit«[5] lebte er bis zu seinem Tod im Jahr 1356 am Hof der Fürsten von Anhalt in Dessau und wurde angeblich sogar in deren Gruft bestattet. Den Wittelsbachern blieb nur, ihre Wunden zu lecken und loyale Untertanen auszuzeichnen: Die Stadt Treuenbrietzen erhielt damals ihren Namen, weil sie in den Auseinandersetzungen brav zu den Bayern gehalten und den *Falschen Waldemar* nicht anerkannt hatte.

Während man sich in Brandenburg nur unwillig an das bayerische Intermezzo erinnert, ist die weiß-blaue Vergangenheit in den Niederlanden bis heute lebendig. Dort weiß man noch, dass Amsterdam auf Baumstämmen aus dem heutigen Norden Bayerns errichtet wurde, die man senkrecht in den Schlick trieb, um einen festen Untergrund zu schaffen. Und man hat nicht vergessen, dass die Bayern einst Landsleute waren. Zu verdanken ist das vor allem dem Engagement der Wittelsbacher für das Wirtschaftsleben in den *Ländern am Meer*. In jenen Jahren, in denen neben dem Hennegau auch Seeland, Holland und Friesland weiß-blaue Exklaven waren, gelang – nicht zuletzt dank der dynastieeigenen Hemdsärmeligkeit und des geballten Know-hows bajuwarischer Kameralistik – der Aufstieg der Niederlande zur führenden See- und Handelsmacht. Außerdem hält man in den Niederlanden große Stücke auf die Wittelsbacher, weil Albrecht I., ein gebürtiger Münchner, nicht nur den Bau der *Nieuwe Kerk* zu Delft initiierte, die inzwischen als Grablege des oranischen Königshauses dient, sondern auch das Einsalzen von Heringen – und den Hopfenanbau.

Das Bier seiner niederländischen Untertanen scheint Albrecht I. gemundet zu haben. Denn lieber als im Straubinger Herzogsschloss residierte er im *Binnenhof* zu Den Haag – wenn er nicht gerade in amouröse Abenteuer verstrickt war, denen er in der Haarlemer Stövchengasse, einem Dorado des horizontalen Gewerbes, nachzugehen pflegte. Die Leichtlebigkeit des bayerischen Landesherrn tat seiner Popularität in den Niederlanden keinen Abbruch. Im Gegenteil: Die von ihm maßgeblich geförderte *Oberste Wasserbehörde*, die ihren Sitz in Delft hat und für den Küstenschutz, den Wasserhaushalt und den Schiffsverkehr zuständig ist, verwendet sein Wappen mit den weiß-blauen Rauten noch immer. Es schmückt nicht nur Brücken, Schleusen und Verwaltungsgebäude, sondern auch die Krawatten der Bediensteten, ja sogar die Tassen in der Kantine.

Warum Bayern nicht mehr am Mittelmeer liegt

Im zehnten Jahrhundert reichte Bayern bis zur Adria. Die südliche Landesgrenze verlief – mit Ausnahme der Lagunenstadt Venedig, die ihre Selbständigkeit hatte behaupten können – entlang der Mittelmeerküste von Triest bis auf die Höhe der Etschmündung. Der Gardasee lag quasi auf weiß-blauem Territorium, und Aquileia, Trient, Verona und Vicenza waren bayerische Bischofsstädte – bis Heinrich der Zänker, gottlob kein Wittelsbacher, sondern einer ihrer Amtsvorgänger aus dem Geschlecht der Ottonen, für seine Streitlust vom Kaiser abgestraft wurde und alles verlor.

Gut 800 Jahre später, in den Tagen König Max I. Joseph, kamen die Bayern wieder über die Alpen. Im Vertrag von Pressburg war ihnen Tirol zugeschlagen worden, das damals bis ins heutige Italien ausgriff. Die einheimische Bevölkerung rebellierte und startete manche Versuche, sich der weiß-blauen *Fremdherrschaft* zu erwehren. Damals erwarben sich die renitenten Frauen vom *Giggler Tobel*, im heutigen Dreiländereck zwischen Italien, Österreich und der Schweiz, ihren legendären Ruf. Angeführt von der Pfarrhaushälterin des hochwürdigen Herrn von See bei Landeck stiegen sie die Hänge hinauf, lösten Felsstürze aus und ließen das lose Gestein auf die bayerischen Soldaten hinunterprasseln. Damit verhinderten sie zunächst die Besetzung des Paznauntals. Wirklich aufhalten ließ sich der weiß-blaue Vormarsch allerdings nicht. Gemäß den internationalen Abmachungen verlief die südliche Grenze Bayerns nun kurz hinter Riva und Rovereto. Das heißt, das Land reichte zwar nicht mehr bis zur Adria, umfasste aber immerhin die heute autonomen italienischen Provinzen Trient und Bozen-Südtirol.

Allerdings waren die Münchner Beamten in den neu hinzugewonnen Gebieten rasch ebenso unbeliebt wie die bayerischen Soldaten. Ohne Rücksicht auf Verluste hoben sie jahrhundertealte Rechte auf und ordneten Zwangsrekrutierungen an. Außerdem legten sie einen antikirchlichen Furor an den Tag, der den Ideen der Französischen Revolution geschuldet war und zuvor schon in den bayerischen Stammlanden für böses Blut gesorgt hatte. Jetzt wurden auch in Tirol die Klöster aufgehoben, Kunstschätze eingezogen, Prozessionen und Wallfahrten, das Rosenkranzbeten und sogar die Feier der Christmette untersagt. Als die aufgeklärten bayerischen Besatzer auch noch eine flächendeckende Pockenschutzimpfung durchführen wollten, lief die ansässige Bevölkerung Sturm. Sie witterte in diesem Ansinnen einen unzulässigen Eingriff in die Schöpfungsordnung Gottes – und einen hinterhältigen Versuch der Regierung in München, den arglosen Tirolern bayerisches Denken, wenn nicht sogar protestantischen Aberglauben *einimpfen* zu wollen.

Andreas Hofer wurde zur überragenden Gestalt des Aufstandes gegen die Besatzung und bezahlte dafür mit seinem Leben. 1810 wurde er – inzwischen *de jure* bayerischer Staatsbürger – am Fuß der Festungswälle von Mantua füsiliert. Das Hinrichtungskommando unterstand Eugène de Beauharnais, dem Stiefsohn Napoleons und Schwiegersohn des Königs von Bayern.

Die Person Andreas Hofer ist umstritten. Einerseits wird er als *Volksheld* und *Freiheitskämpfer* gefeiert, andererseits war er ein kirchentreuer Antimodernist mit fanatischen Zügen. Er bekämpfte jede Form der Freizügigkeit, geißelte das Treiben auf den Tanzböden als »Feste des Lasters« und mahnte die »Frauenzimmer«, »Brust und Armfleisch« mit festem Stoff zu bedecken statt mit »durchsichtigen Hadern«, um nicht »zu sündhaften Reizungen Anlaß [zu] geben, welches Gott und jedem christlich denkenden höchst mißfallen muß.«[6]

In Bayern dachte man liberaler. In Norditalien aber blieb alles Bayerische verhasst. Erst dem Tourismus der 1950er Jahre ist es gelungen, die alten Fronten aufzubrechen. Heute zählen Südtirol und der Gardasee zu den bevorzugten Destinationen des erholungsbedürftigen *homo bavaricus*. Dank dieser Entwicklung verstehen die italienischen Kellner an der Uferpromenade von Lazise längst sogar derbere Ausprägungen des weiß-blauen Idioms – wobei sie einen Standortvorteil haben: Lazise unterhält nicht nur eine Städtepartnerschaft mit dem bayerischen Rosenheim. Die Gardasee-Gemeinde trägt auch weiß-blaue Rauten im Wappen.

Am liebsten fahren die Bayern freilich nach Österreich. Das liegt zum einen an ihrer Schwäche für Grünen Veltliner, Blunzengröstl, Kaiserschmarrn und Mozartkugeln, zum anderen an der engen historischen Verbundenheit der beiden Länder. Selbige beginnt damit, dass Linguisten gern behaupten, einen spezifisch österreichischen Dialekt gäbe es gar nicht. Angeblich ist sogar der gedehnte Wiener Slang – *Küss die Hand, gnä Frau!* – nichts anderes als eine charmante Unterart des Mittelbayerischen. Aller Wahrscheinlichkeit nach stammt sogar der Name des Nachbarlandes aus dem Bayerischen. *Ostarrîchi*, wie die ursprüngliche Bezeichnung lautet, ist vermutlich die volkssprachliche Übersetzung des lateinischen Begriffs *Marchia orientalis*. So wurden einst die östlichen Landstriche des Herzogtums Bayern bezeichnet. Sie reichten bis an die heutigen Grenzen der Slowakei, Ungarns und Kroatiens. Österreich war ursprünglich also nicht viel mehr als ein Wurmfortsatz Bayerns. Dazu passt, dass jene Urkunde aus dem Jahr 996, in der *Ostarrîchi* erstmals erwähnt ist, ausgerechnet im Bayerischen Hauptstaatsarchiv in München aufbewahrt und schon aus Gründen weiß-blauer Eitelkeit nicht an Wien herausgerückt wird.

Was also wäre Österreich ohne Bayern? Nichts! Ohne den legendären Sieg über die Ungarn, der 955 – angeblich unter regem Zutun des Augsburger Bischofs Ulrich – auf einem bayerischen Schlachtfeld errungen wurde, hätte Wien kaum die Voraussetzungen gehabt, zu einer Kapitale von welthistorischer Bedeutung aufzusteigen. Und 1683 wäre die Donaumetropole ohne das Eingreifen des bayerischen Kurfürsten Max Emanuel – der mit seiner hagiographischen Selbstüberhöhung erfolgreich davon ablenkte, dass er ein verantwortungsloser Hallodri war und sein eigenes Land zielsicher in den Abgrund führte – womöglich wirklich den Türken in die Hände gefallen. Das aber wussten die Bayern schon deshalb zu verhindern, weil sie Jahrhunderte zuvor keine Mühe gescheut hatten, das Christentum in Österreich heimisch zu machen. Daran erinnert beispielsweise der Wiener Stephansdom. Er ist nur deshalb dem christlichen Märtyrer Stephanus geweiht, weil Wien bis 1469 zum Bistum Passau gehörte, wo dieser Heilige noch heute als Patron verehrt wird. Die östliche Grenze des Bistums Passau – einst das größte im Heiligen Römischen Reiches Deutscher Nation – lag zeitweise sogar in Ungarn, was dazu führte, dass sich auch der erste christliche König Ungarns nach dem Schutzherrn der Passauer Bischofskirche *Stephan* nannte.

Den Österreichern muss man aber zumindest eines lassen: Ohne die heiratsfähigen Töchter aus dem Hause Habsburg wären die Wittelsbacher vermutlich schon vor Jahrhunderten ausgestorben. In diesem Zusammenhang sei nur an die in Wien geborene Kaisertochter Amalie erinnert. Sie musste im Herbst 1722 den weiß-blauen Thronerben ehelichen, stand in der üblichen, epochenbedingten Konkurrenz zu allerlei *Favoritinnen* ihres frivolen Gatten, genoss ihr Leben in München dank eines robusten Naturells aber dennoch in vollen Zügen. Der Schlosspark von Nymphenburg verdankt ihr die Amalienburg – und Max III. Joseph, der letzte, ungemein populäre und musikalisch hochtalentierte Herrscher aus der bayerischen Linie der Wittelsbacher, seine Existenz.

Außerdem läuft Österreich seinem Nachbarland Bayern mindestens in einem wesentlichen Punkt den Rang ab. Die weiß-blaue Kapitale München rühmt sich zwar eines Nord-, eines Ost-, eines Süd-, eines West- und sogar eines Waldfriedhofs. Einen derart prominenten, vom Charme des Morbiden umwitterten Gottesacker wie den Zentralfriedhof in Wien gibt es allerdings in ganz Bayern nicht.

Solche Schönheitsfehler schmerzen, werden in Bayern aber schon seit Jahrhunderten dadurch erträglich, dass man zur Flasche greift und den Österreichern den Wein wegtrinkt. Damit angefangen haben wohl die Mönche. Von der altehrwürdigen Benediktinerabtei Tegernsee beispielsweise ist überliefert, dass sie im Jahr 1002 von Kaiser Heinrich II. mit Rebhängen bedacht wurde, die in der heutigen Wachau in Niederösterreich liegen. Weitere Anbauflächen scheinen sich die Mönche durch ihrer Hände Arbeit hinzuverdient zu haben – etwa als geldwerte Gegenleistung für kostbar illuminierte liturgische Bücher, die im Skriptorium des Klosters entstanden waren. Gegen Ende des Mittelalters besaß die Abtei Tegernsee jedenfalls 150 Weingärten rund um Dürnstein und ließ alljährlich bis zu 49.000 Liter Most über die Donau und den Inn bis nach Wasserburg treideln. Dort wurden die Fässer auf die Ochsenfuhrwerke von Klosteruntertanen verladen und weiter nach Tegernsee transportiert, wo der Kellermeister schon darauf wartete, den vor sich hin gärenden *Sturm* zu einem Tropfen auszubauen, der als Messwein auf den 24 Altären der alten Klosterkirche, als Tischwein im Refektorium der Mönche, als Zahlungsmittel für Künstler und Handwerker oder als *Weingeschenk* für hohe Gäste Verwendung fand. Um seine Finanzen aufzubessern, verkaufte das Kloster einen Teil seines Weines angeblich sogar bis nach Russland. Mit der Säkularisation ging die über 800 Jahre währende Verbundenheit zwischen Tegernsee und der Wachau zwar vorläufig zu Ende. In jüngster Zeit wurden die Kontakte aber neu geknüpft: Die Weine der einstigen Klostergüter werden heute wieder am Tegernsee kredenzt – sowohl die aus der Wachau, als auch jene, die von den ehemaligen Besitzungen der Abtei in Südtirol stammen.

Die Bayern stibitzten den Österreichern aber nicht nur den Rebensaft, sondern auch die Lieder: So schrieb der Wiener *Gesangskomiker* Carl Lorens, einer der produktivsten Bretteldichter seiner Zeit, in der zweiten Hälfte des 19. Jahrhunderts ein Couplet mit dem Text:»So lang der alte Steffel / am Stefansplatz no steht, / so lang die blaue Donau / durch d'Wiener Stadt no geht, / so lang ein' feschen Walzer / no geigna tut der Strauß, / so lang stirbt d'alte G'mütlichkeit / beim Wiener niemals aus.«[7] Als dieses Lied wenig später seinen Weg in die damals noch königlich bayerische Haupt- und Residenzstadt München fand, schrieb der Haidhauser Wirtssohn, Maurer und *Unterhaltungskünstler* Michl Huber den Text kurzerhand um, ersetzte den *Steffel*, den Wiener Stephansdom, durch den *Alten Peter*, also den Turm der ältesten Pfarrkirche Münchens, und passte weitere Details an die örtlichen Gegebenheiten an:»So lang der alte Peter / der Petersturm no steht, / so lang die grüne Isar / durch d'Münchnerstadt no geht, / so lang no steht am Platzl das alte Hofbräuhaus, / so lang stirbt die Gemütlichkeit / beim Münchner niemals aus.«[8] Mit diesem Text avancierte das gekaperte Couplet rasch zur Münchner Stadthymne und feierte insbesondere auf dem Oktoberfest fröhliche Urständ.

Dass so etwas möglich ist, liegt vermutlich daran, dass sich die Mentalität von Bayern und Österreichern kaum unterscheidet. Schließlich gilt da wie dort der Satz des Komponisten Robert Schumann:»Ernstere Menschen und Sachen werden hier wenig gesucht und wenig verstanden. Einen Ersatz gibt die schöne Umgebung.«[9] Eines will man in Bayern aber trotz aller Verbundenheit mit dem Nachbarvolk richtiggestellt wissen: dass Kaiserin Elisabeth, die legendäre *Sisi*, keine Österreicherin war, sondern eine gebürtige Münchnerin aus der wittelsbachischen Nebenlinie der Herzöge in Bayern.

Aber wo kämen wir hin, wenn wir jetzt auch noch aufzählen wollten, in welcher Herren Länder der weibliche Nachwuchs der Wittelsbacher verschachert worden ist. Es ist schon verwirrend genug, dem weiteren Verbleib erst-, zweit- und drittgeborener Söhne nachzuspüren: Könige von Böhmen, Dänemark, Griechenland, Norwegen, Schweden und Ungarn sind sie geworden, Kurfürsten von Köln, Mainz und Trier, Fürstbischöfe von Hildesheim, Lüttich, Münster, Osnabrück und Paderborn, Herzöge von Bremen-Verden und von Jülich-Berg, Grafen von Tirol, von Glatz in Schlesien und von Rappoltstein im Elsass – und damit Herrscher über Länder und Territorien, deren Sprachen und Dialekte sie anfangs kaum verstanden haben mögen.

Übriggeblieben ist von der ganzen Herrlichkeit wenig – unter anderem deshalb, weil sich die Wittelsbacher mit ihrer Hemdsärmeligkeit gegenseitig das Leben schwer machten: Vom Landshuter Erbfolgekrieg, einem Schlagabtausch zwischen der oberbayerischen und der niederbayerisch-pfälzischen Linie, erholten sich die betroffenen Regionen erst drei Generationen später. Und der Dreißigjährige Krieg, der ursprünglich aus einem Konflikt zwischen Maximilian I. von Bayern und seinem Vetter Friedrich V. von der Pfalz, dem kurzzeitigen *Winterkönig*, erwachsen ist, gilt als eine der größten Katastrophen in der Geschichte Europas.

Den Rest besorgte Frau Fortuna, die beherzt in die Familienpolitik der Wittelsbacher eingriff und die Zahl der Nachkommen empfindlich reduzierte. Am Ende waren fast drei Dutzend Linien *im Mannesstamme erloschen*, wie es so schön heißt. Das über Jahrhunderte zusammengetragene Erbe kam auf die Nebenlinie einer Nebenlinie zu. Dass dieser Familienzweig bis dahin zu den unbedeutendsten der ganzen Dynastie zählte und in der tiefsten pfälzischen Provinz saß, nun aber unversehens ins Rampenlicht europäischer Politik trat, die Herrschaft in der Pfalz und in Bayern übernahm, den sogenannten *Märchenkönig* hervorbrachte und noch heute den

Chef des Hauses Wittelsbach stellt – das zeigt, dass die Geschichte nicht nur grausam sein kann, sondern auch Humor hat.

Das Ergebnis dieses historischen Prozesses lässt sich auf jeder Deutschland-Karte besichtigen: Seit 1955 – damals erhielt Bayern den Landkreis Lindau und damit auch ein Stück gemeinsamer Grenze mit der Schweiz zurück – hat der weiß-blaue Freistaat, von marginalen späterer Korrekturen abgesehen, seinen heutigen Umfang. Mit rund 70.540 Quadratkilometern gilt Bayern vor Niedersachsen (rund 47.700 Quadratkilometer) als flächengrößtes deutsches Bundesland. Seine Grenzen sind aus Sicht weiß-blauer Patrioten trotzdem viel zu eng gezogen. Denn gefühlsmäßig haben sich viele Einheimische nie von jenen Territorien getrennt, die irgendwann einmal von einem Wittelsbacher oder einem bayerischen Herrscher anderer Herkunft regiert wurden. Deswegen gehören Brandenburg, die Niederlande, Österreich, die Pfalz, Südtirol, das Trentino und Venetien emotional immer noch irgendwie zu Bayern.

Daraus resultiert vermutlich auch die spitzbübische Selbstgewissheit des bayerischen Volkes. Zugegeben: In München gibt es nicht so viele Gedenkstätten wie in Berlin, nicht so viele Regentage wie in Hamburg und nicht so viele Katzen wie in Rom. Den Fernsehturm am Oberwiesenfeld müsste man um mehr als einen halben Kilometer aufstocken, damit er die Spitze des Burj Khalifa in Dubai erreicht. Und die Staatskanzlei am Hofgarten kann trotz ihrer unvermeidlichen Zirbelstube weder mit dem Buckingham-Palast in London noch mit dem Élysée-Palast in Paris mithalten. Dafür galt München in den Jahrzehnten der Bonner Republik als *Heimliche Hauptstadt Deutschlands*, weil niemand so genau wusste, wo Bonn überhaupt liegt. Außerdem wurde ja von München aus immer mal wieder halb Europa regiert. Das ist es, was zählt.

Warum Franken und Schwaben keine Lederhosen tragen dürfen

Eigentlich sind die Franken ja ganz passable Leute. Sie gelten als zielstrebig, pfiffig und dem Leben zugewandt. Und sie können stolz auf sich sein. Der Nürnberger Martin Behaim hat den Globus erfunden. Die *Bier- und Speisewirtschaft Capri* in der Würzburger Elefantengasse ist, wenn es denn stimmt, die älteste Pizzeria Deutschlands. Und Aufseß im Landkreis Bayreuth, gesegnet mit rund 1.300 Einwohnern und vier Brauereien, hält den Weltrekord für die größte Pro-Kopf Dichte von Sudstätten.

Auch das kulturelle Erbe kann sich sehen lassen. Die mächtigen Burgen und Dome, die prächtigen Barockresidenzen, die malerischen Fachwerkstädte mit ihren Toren und Türmen – Franken ist ein einziger Zauberschrank.

Dazu kommt: In der fränkischen Bischofsstadt Bamberg wurde am 12. August 1919 die erste demokratische Verfassung Bayerns[10] verabschiedet. Sie ersetzte das monarchische Prinzip durch die Souveränität des Volkes, legte den Grundstein für den modernen, freiheitlichen Rechtsstaat und brachte Bamberg den Ruf ein, das *bayerische Weimar* zu sein.

Dirndl und Gamsbart haben in Franken allerdings nichts verloren, geschweige denn die Lederhose. Einzelne fränkische Trachtenvereine wollten zwar noch in den 70er Jahren des vergangenen Jahrhunderts mit der Übernahme alpenländischer Modeerscheinungen punkten. Das wurde aber zurecht als unziemliche Anbiederung, um nicht zu sagen als behandlungspflichtiges Symptom einer schwerwiegenden Identitätskrise gewertet. Denn der Franke ist kein Bayer – selbst dann nicht, wenn er sich aufgrund eines Irrtums der Geschichte unversehens im Amt des Bayerischen Ministerpräsidenten wiederfindet.

Dass die Franken mit den Bayern fremdeln, liegt an der geradezu aufreizenden Unabhängigkeit, derer sich Erstere jahrhundertelang befleißigten, insbesondere als Bürger selbstbewusster Reichsstädte. Diese Epoche endete in den Tagen Napoleons, als die fränkischen Territorien, mit Ausnahme von Coburg, zu Bayern kamen – allerdings nicht freiwillig, sondern unter Androhung roher Gewalt.

In Bamberg ist noch heute unvergessen, dass die Stadt damals von bayerischem Militär besetzt und gezwungen wurde, das Besitzergreifungspatent mit dem weiß-blauen Rautenwappen an ihre Tore zu nageln. Erschwerend hinzu kam die Schmach, bei den neuen Herren als bislang »unordnungsvoll[e] Stadt«, als »Sammelplatz einer unzähligen Menge von Dieben, Faullenzern und Juden« und als »trauriges Beyspiel [staatlicher] Desorganisation«[11] zu gelten, weshalb die Regierung in München unverzüglich andere Saiten aufzuziehen gedachte. Quasi über Nacht galten neue Maße und Gewichte. Neue Uniformen für Soldaten und Beamte wurden ausgegeben – und neues Geld.

Gleichzeitig transportierten die neuen Herren bedeutende fränkische Kunstschätze nach München ab, darunter das ursprünglich in Würzburg aufbewahrte fränkische Herzogsschwert, die sogenannte Krone Kaiser Heinrichs II., der Bamberg zu Beginn des 11. Jahrhunderts zu seiner bevorzugten Residenz und damit zum *Caput mundi* der damaligen abendländischen Welt erwählt hatte, und der angebliche Kronreif von Heinrichs Gattin Kunigunde.

Die Empörung war groß. Eine Wallfahrt zur *Fortschaffung der Bayern* wurde abgehalten, blieb aber – dem Himmel sei Dank – ebenso wirkungslos wie die Forderung nach Rückgabe der *Beutekunst*.

Über dieses Thema wird noch heute gestritten. Denn selbst 200 Jahre Zugehörigkeit zu Bayern haben das Verhältnis nicht verbessert, zumal die von München verordnete Gebietsreform in den 70er Jahren des vorigen Jahrhunderts für neue Verstimmungen sorgte.

Der Hang zu separatistischen Tendenzen gipfelt regelmäßig im Schlachtruf *Frei statt Bayern*. Das Ziel der fränkischen Patrioten ist die Zusammenfassung der drei bayerischen Regierungsbezirke Ober-, Unter- und Mittelfranken nebst einzelner baden-württembergischer, hessischer und thüringischer Landkreise zu einem eigenen Bundesland Franken. Es wäre das siebtgrößte der Bundesrepublik, entspräche in etwa der Fläche Belgiens und hätte fast so viele Einwohner wie Norwegen.

Einstweilen aber dürfen die Franken weder auf eine Neugliederung des Bundesgebiets nach Artikel 29 (2) des Grundgesetzes hoffen, noch auf die Umbenennung des weiß-blauen Landessenders in *Bayerisch-Fränkischer Rundfunk*. Dafür gibt es seit 2006 den *Tag der Franken*, der nach einem Entschluss des Bayerischen Landtags jedes Jahr am 2. Juli»an Brauchtum und Geschichte der fränkischen Region erinnern und zugleich das Bewusstsein für die Entwicklungskraft und das Innovationspotenzial Frankens stärken«[12] soll. An diesem Tag darf an den öffentlichen Gebäuden in Franken neben der bayerischen Staatsflagge der rot-weiße Fränkische Rechen gehisst werden – als Balsam für die wunde Seele der *Beutebayern*.

Diese Großherzigkeit erwidern die Franken allerdings nicht. Im Gegenteil. Sie dulden in den Wappen ihrer drei Regierungsbezirke nicht einmal die weiß-blauen Rauten. Erschwerend kommt ihre hohenzollernsche Vergangenheit hinzu: In Nürnberg regierte dieses Geschlecht, aus dem die späteren Könige von Preußen und die deutschen Kaiser stammen, bis 1427, in Ansbach, Bayreuth und Kulmbach sogar bis zum Ende des Alten Reiches im Jahr 1806. Die stolze Cadolzburg, die imposante Plassenburg und das reizende *Markgräfliche Opernhaus* in Bayreuth (nicht zu verwechseln mit dem Festspielhaus auf dem Grünen Hügel) gehören heute zwar dem Freistaat Bayern, sind eigentlich aber Überbleibsel einer Dynastie, die über Jahrhunderte zu den schärfsten Konkurrenten der bayerischen Wittelsbacher zählte. Insofern ist es kein Wunder, dass die Franken südlich der Donau als *Bayerns Preußen* verschrien sind und als unsichere Kantonisten gelten. Ihre Vorliebe für Bratwurst und Bocksbeutel – beides für wirkliche Bayern eher entbehrlich – macht die Sache nicht besser. Als besonderes Integrationshindernis gilt ihre Weigerung, die *Bayernhymne* anzustimmen. Stattdessen schmettern sie bei jeder passenden und unpassenden Gelegenheit das schwül-romantische *Frankenlied*, dessen Text nicht einmal von einem Franken stammt, sondern aus der Feder des Dichters Joseph Victor von Scheffel, der lange in München lebte und mit der Tochter des bayerischen Gesandten am badischen Hof verheiratet war.

Nicht besser steht es um die Schwaben, die ebenfalls erst Anfang des 19. Jahrhunderts zu Bayern kamen und von sich selber sagen, sie könnten alles außer Hochdeutsch. Dass sie die *Kehrwoche* für ihre bedeutendste kulturelle Errungenschaft halten, dass sie ohne Unterlass zu schaffen und in Gestalt des Pfarrers Sebastian Kneipp die Kaltwassertherapie erfunden haben, macht sie verdächtig. Denn wirkliche Bayern können mit Disziplin und Entsagung nichts anfangen. Außerdem fürchtet man die Sparsamkeit und den Geiz der Schwaben. Umso mehr werden ihr Fleiß, ihr Durchsetzungsvermögen und ihr Geschäftssinn geschätzt – erst recht im Bayern des 21. Jahrhunderts, dessen Wirtschaftskraft nach einem spektakulären Wandel vom Agrarland zum Technologiezentrum eine der weltweit höchsten ist.

Augsburg, drittgrößte Stadt Bayerns und Sitz der Regierung von Schwaben, zählt zu den finanzstärksten und innovationsfreudigsten Standorten Süddeutschlands. Im *Landesentwicklungsprogramm* von 2018, mit dem die Bayerische Staatsregierung einen Blick in die Zukunft wagt, ist Augsburg deshalb auch – neben München und Nürnberg – als eine von drei bayerischen Metropolen definiert. Die zweitälteste Stadt Deutschlands, gegründet von den Römern und benannt nach Kaiser Augustus, der im Weihnachtsevangelium erwähnt wird, galt schon an der Wende vom Mittelalter zur Neuzeit als Handels- und Bankenplatz von europäischem Rang. Das ist einem Kaufmannsgeschlecht zu verdanken, das ursprünglich eine Weberei betrieb, später auch »Specereien, Seiden, vnd wullin gewand«[13] im Angebot hatte und dank seiner Monopolstellung auf dem europäischen Kupfermarkt immer mächtiger wurde. Am Ende hatten die Fugger einen global agierenden Großkonzern geschaffen, der selbst nach heutigen Maßstäben unvorstellbare Gewinne abwarf. Das jährliche Vermögenswachstum betrug zeitweise 25,5 Prozent. Bis nach Indien, Südamerika und Afrika reichten die Wirtschaftsbeziehungen. Und zu den Kunden gehörten nicht nur Päpste, Kaiser und Könige, sondern auch die Medici in Florenz. Trotzdem blieben die Fugger bodenständig. Als Mäzene, Bauherren und Sammler monarchischen Zuschnitts förderten sie Kunst und Kultur und machten Augsburg zum glanzvollen »Pompeji der Renaissance«[14]. Gleichzeitig übernahmen sie gesellschaftliche Verantwortung: Mit der Fuggerei stifteten sie die erste, noch heute bestehende Sozialsiedlung der Welt.

Im sechzig Kilometer entfernten München wuchs der Neid. Augsburg war nicht nur reicher, sondern als antike Gründung und ehemaliger Verwaltungssitz der römischen Provinz Raetien auch geschichtsträchtiger als die bayerische Hauptstadt. Außerdem lebten in München um 1500 nur 13.000 Menschen. Augsburg dagegen gehörte mit rund 30.000 Einwohnern nach Köln und mit Prag zu den größten Städten Mitteleuropas. Hier saß ein Bischof, in München nicht. Und Augsburg war eine Reichsstadt. Das heißt: Die Patrizier hatten die Zügel selber in der Hand. Die Münchner dagegen gaben ihre alte Bürgerherrlichkeit um 1500 preis, verhalfen ihren verzogenen Sprösslingen zu sicheren Posten als Amtsleute und Hofbedienstete der bayerischen Herzöge und wurden zu bloßen Statisten fürstlichen Gepränges. Bis ins 19. Jahrhundert blieben sie von der Gunst des jeweiligen bayerischen Landesherrn abhängig. Während sich Augsburg als moderne, pulsierende Metropole präsentierte und in der Ersten Liga spielte, war München eine verschlafene Residenzstadt, die ihren Ehrgeiz im Zaum zu halten wusste, um die Gemütlichkeit nicht zu gefährden.

Und dann stellten sich die Augsburger im Dreißigjährigen Krieg zum Entsetzen der gutkatholischen Bayern auch noch in den Dienst der protestantischen Gegner. Am 24. April 1632 zog der schwedische König Gustav Adolf unter dem Jubel der Bevölkerung in Augsburg ein und ließ in der evangelischen Hauptkirche St. Anna, wo schon Martin Luther gepredigt hatte, ein feierliches *Tedeum* anstimmen. Es war der Höhepunkt seiner Laufbahn. Augsburg, eigentlich mehrheitlich evangelisch, zwischenzeitlich aber zwangsweise rekatholisiert, wurde zum Symbol für die Befreiung der deutschen Protestanten. Gustav Adolf erschien auf evangelischen Flugblättern als Streiter der Apokalypse und Vollender des göttlichen Heilsplanes. Vermutlich wollte er die Stadt am Lech zu einem strategischen Punkt seiner Herrschaft in Süddeutschland ausbauen, möglicherweise sogar zum Zentralort eines noch zu schaffenden protestantischen Territoriums. Dieser Alptraum des papsttreuen Bayern – schließlich galt München in jenen Tagen als *Deutsches Rom* und das Herrscherhaus der Wittelsbacher als Speerspitze des Katholizismus – wurde zwar nie Wirklichkeit. Aber es genügte schon, dass ab 1632 Augsburger Buben gleich zu Dutzenden auf den Namen Gustav Adolf getauft wurden.

Insofern mag die Schadenfreude groß gewesen sein, als die Fuggerstadt am 26. Dezember 1805 ihrer Reichsfreiheit verlustig ging und ausgerechnet an Bayern fiel. Seither hat nämlich München die Nase vorn, während Augsburg nur noch die zweite Geige spielt. Bert Brecht soll die Schmach seiner Heimatstadt mit dem

Ausspruch »Das Beste an Augsburg ist der Zug nach München« befördert haben. Dass solche Worte, ob sie gefallen sind oder nicht, in Schwaben als schwere Form der Nestbeschmutzung verurteilt werden, zeigt, dass das Verhältnis zu Bayern besser sein könnte. Tatsächlich bleibt zu konstatieren: Obwohl sich das Land der Kasspatzn und des Zwetschgendatschis seit gut 200 Jahren mit der bayerischen Vorherrschaft zu arrangieren versucht, ist keine Liebe daraus geworden. Deshalb gilt noch immer, was Jordanes, ein Gelehrter des sechsten Jahrhunderts, in seiner *Geschichte der Goten* geschrieben hat. Dass nämlich »jenes Gebiet der Schwaben« im Osten die Bayern, im Westen aber die Franken als Nachbarn habe[15]. Wir verorten die *bayerischen* Franken heute zwar eher nördlich von Schwaben. Jordanes aber meint deren Vorfahren, auf die sich auch die Franzosen zurückführen, und bringt mit seiner Sentenz trefflich zum Ausdruck, dass es sich bei Schwaben, Franken und Bayern um drei Paar Stiefel handelt. Dass Jordanes die Bayern im lateinischen Original – zumindest nach der 1882 von Theodor Mommsen besorgten Edition der *Monumenta Germaniae Historica* – als *baibaros* bezeichnet, was irgendwie nach *Barbaren* klingt, lassen wir in diesem Zusammenhang vorsorglich unter den Tisch fallen.

Warum die Weißwurscht irgendwie indisch schmeckt

Da weder die Franken noch die Schwaben zum weiß-blauen Kosmos gehören, stellt sich die Frage, wo die wirklichen Bayern zu finden sind. Die Antwort ist einfach: in jenen bayerischen Regierungsbezirken, die die Wecken in ihren Wappen tragen. Das sind Oberbayern, Niederbayern und die Oberpfalz. Die Menschen in diesen Regionen sprechen nicht nur dieselbe Sprache – das Bairische, das sich deutlich gegen das Fränkische und das Schwäbische abgrenzt. Sie sind sich auch von der Mentalität her ziemlich ähnlich. Von Tegernsee bis Tirschenreuth und von Passau bis Schrobenhausen gilt beispielsweise der Grundsatz *Liaba zvui essn als zwenig dringa*. Damit ist das bayerische Wesen, das die Opulenz liebt und die Askese fürchtet, eigentlich schon hinlänglich beschrieben.

Passend zum Appetit der Einheimischen heißt es, der *Weißwurschtäquator* sei jene Linie, die das wirkliche Bayern vom übrigen Deutschland, somit auch von Franken und Schwaben, trenne – eine Art Kulturgrenze also, ähnlich dem imaginären *Röstigraben* in der Schweiz, der die frankophonen von den deutschsprachigen Regionen scheidet. An dieser These ist durchaus was dran. Denn tatsächlich spielt die Weißwurst, die in Bayern *Weißwurscht* heißt, eine nicht zu unterschätzende identitätsstiftende Rolle.

Dass es so weit kommen würde, konnte freilich niemand ahnen. Die Weißwurscht verdankt ihre Existenz nämlich einem dummen Zufall. Dem Wirt des Münchner Gasthauses *Zum ewigen Licht* sollen am Rosenmontag des Jahres 1857 die schmalen Schafsdärme für die Bratwürste ausgegangen sein. Deswegen füllte er die vorbereitete Masse in deutlich voluminösere Schweinsdärme, die er aus unerfindlichen Gründen allerdings nicht briet, sondern brühte. Den Stammgästen, so heißt es weiter, mundete die bleiche Delikatesse vorzüglich – vor allem, nachdem der Moser Sepp, wie der experimentierfreudige Bierwirt hieß, seine neue Kreation mit allerlei Grünzeug verfeinert hatte.

Die Weißwurscht ist also, nach allem, was man weiß, ein kulinarischer Faschingsscherz, der aus mindestens zwei Gründen nicht zum weiß-blauen Identifikationssymbol taugt: zum einen, weil das Vorbild, der im 14. Jahrhundert erstmals erwähnte *boudin blanc*, aus Frankreich stammt, zum anderen, weil in eine Weißwurscht nicht nur Kalbfleisch, Schweinespeck, Zitronenschale, Petersilie und gestoßenes Eis gehören, sondern auch so exotische Zutaten wie Ingwer, Kardamom und Macis, die man eher der indischen Küche, zumindest aber der Weihnachtsbäckerei zuordnen würde.

Dass sich die Weißwurscht in Bayern trotzdem größter Beliebtheit erfreut, gilt zu Recht als rätselhaft. Schließlich heißt es auch in weiß-blauen Landen: *Was der Bauer nicht kennt, frisst er nicht.* Insofern dürfte der Grund für die überraschende Akzeptanz der Weißwurscht darin liegen, dass man sie keinesfalls *nackert* verzehren darf. Man braucht mindestens einen süßen Senf dazu – und ein Weiß- oder Weizenbier. Erst durch diese wohlschmeckende Begleitung wird die Weißwurscht, deren Duft laut Franz Hugo Mösslang, einst Chefredakteur der Illustrierten *Quick* und später Leiter der Deutschen Journalistenschule in München, an die »verhaltene Herbheit des Schneeglöckchens«[16] erinnert, zu einer unwiderstehlichen Delikatesse.

Der zwingende Dreiklang aus Weißwurscht, süßem Senf und Weißbier, kurz Weißwurschtfrühstück genannt und üblicherweise zwischen elf Uhr vormittags und zwölf Uhr mittags serviert, erklärt auch, wieso das Verbreitungsgebiet der Weißwurscht mit dem wirklichen Bayern identisch ist: Während die Weißwurscht selber in München, also in Oberbayern, das Licht der Welt erblickt hat, stammt das Rezept für den in weiß-blauen Landen beliebtesten süßen Senf von einer Metzgersgattin aus Regensburg, der Hauptstadt des Regierungsbezirks Oberpfalz. Und das Weißbier kommt ursprünglich aus Niederbayern. Denn aufgrund einer Monopolstellung, die ausgerechnet auf Herzog Maximilian I., laut Karl Gattinger »eine der nüchternsten Herrschergestalten der bayerischen Geschichte«[17] zurückgeht, durfte die obergärige Spezialität jahrhundertelang nirgendwo sonst gebraut werden, weshalb die älteste Weißbierbrauerei des Landes noch heute im niederbayerischen Kelheim steht.

Damit das Weißwurschtfrühstück überhaupt stattfinden kann, muss der Weißwurschtäquator neben Oberbayern also auch die Oberpfalz und Niederbayern einschließen. Denn er grenzt Bayern ja bekanntermaßen gegen jene unzivilisierten Weltgegenden ab, in denen das Weißwurschtfrühstück nicht zu den Selbstverständlichkeiten des Alltags zählt. Das heißt aber auch, dass der Weißwurschtäquator offensichtlich weder entlang des Mains noch entlang der Donau verläuft, sondern eher in nord-südlicher Richtung – etwa von Waldsassen über Rennertshofen nach Oberammergau. Inwieweit vor diesem Hintergrund noch von einem Äquator die Rede sein kann oder der Begriff *Längengrad* passender wäre, müssen Geographen beurteilen. Unbestreitbar bleibt, dass das wirkliche Bayern aus Sicht der Einheimischen jedenfalls nur diesseits dieser Linie zu finden ist.

arum die Oberpfalz an Sibirien erinnert

Das wirkliche Bayern, das der Einfachheit halber nur noch Bayern genannt werden soll, vereint höchst unterschiedliche Regionen. Sie entsprechen dem weiß-blauen Klischee bisweilen nur unzureichend. Man denke etwa an die Millionen Jahre alten Basaltkegel in der nördlichen Oberpfalz, die der herben Landschaft eine geradezu geheimnisvolle Note geben. Schon der römische Geschichtsschreiber Tacitus berichtet in seiner *Germania*, jenseits der Donau finde man lediglich »starrende Wälder und schauerliche Sümpfe«[18]. Tatsächlich fehlt in der Oberpfalz das Bunte und Farbige, das die südlicheren Regionen Bayerns prägt. Zuweilen galt die Gegend gar als »Armenhaus Bayerns«[19]: »Tag und Nacht arbeiten, schlecht sich nähren und dabey zufrieden seyn, ist Grundzug Oberpfälzischen Lebens«[20], resümierte der aus Amberg stammende Volkskundler Franz Xaver Schönwerth im Jahr 1857. Dabei galt die Gegend um Sulzbach-Rosenberg wegen ihrer reichen Erzvorkommen als *Ruhrgebiet des Mittelalters*. Noch bis 2002 rauchten inmitten der Gruben die Schlote der *Maxhütte*. Benannt nach dem Vater des *Märchenkönigs* markierte sie den Beginn der Industrialisierung in Bayern und gab in ihren besten Tagen über 5.000 Familien ein Auskommen. Nach dem Rückbau des Stahlwerks, das eine Fläche von rund achtzig Fußballfeldern bedeckte und das größte Montanunternehmen Süddeutschlands war, wird nur der Hochofen übrigbleiben – als Industriedenkmal, das sich in die lange Liste steinerner Zeugen aus vergangenen Epochen einreiht. Dazu gehören in der Oberpfalz beispielsweise die heutige Zisterzienserinnen-Abtei Waldsassen mit ihrer ungemein prachtvollen Stiftsbibliothek aus der Zeit um 1725, die nahe Kapplkirche, die der heiligsten Dreifaltigkeit geweiht ist, weshalb ihr hochorigineller Grundriss einem Dreipass folgt, oder die mittelalterliche Stadtmauer von Berching, zu deren Kuriositäten der *Chinesenturm* mit seinem pagodenartigen Dach zählt.

In den malerischen Gassen von Regensburg, dem einstigen Sitz des *Immerwährenden Reichstags*, pulsiert das Leben ebenso wie in der früheren pfälzischen Nebenresidenz Amberg oder in der Renaissancestadt Weiden. Eigentlich aber ist die Oberpfalz ein Land der Einsamkeit, der Besinnung, der Inspiration. Kein Wunder, dass typische Oberpfälzer entweder Lyriker, Musiker oder Mystiker sind – sofern sie sich nicht den Humanwissenschaften hingegeben haben wie Heinrich Stromer, der nach seinem oberpfälzischen Geburtsort *Doktor Auerbach* genannt wurde, als Universitätsprofessor in Leipzig Karriere machte und in der Grimmaischen Straße einen weitläufigen Gebäudekomplex, nämlich *Auerbachs Hof* errichten ließ. Davon erhalten ist bis heute *Auerbachs Keller*, eines der traditionsreichsten Weinlokale Deutschlands, das dank Goethes *Faust* weltberühmt geworden ist.

Neben dem guten Doktor Auerbach gab es viele weitere oberpfälzische Nestflüchter – sei es Christoph von Pfalz-Neumarkt, der im ausklingenden Mittelalter als *Christoffer af Bayern* zu einem der mächtigsten Potentaten Skandinaviens aufstieg und über drei Königreiche herrschte, sei es dessen Namensvetter Christoph Willibald Gluck, der als Sohn einer oberpfälzischen Försterdynastie das Licht der Welt erblickte und 1787 in Wien als einer der produktivsten Opernkomponisten aller Zeiten die Augen schloss. Selbst Charles Schumann, der zuverlässig eitle und mittlerweile im Ruf eines Dinosauriers stehende Lieblingsbar- und *Starkeeper* der Münchner

High Society, kommt aus der Oberpfalz. Er heißt eigentlich Karl Georg Schuhmann und war auf einen weniger schillernden Lebensweg gepolt: Nach dem Wunsch seiner Eltern, die einen Bauernhof bei Kirchenthumbach bewirtschafteten, sollte er Priester werden. Am Ende landete er aber nicht vor dem Altar, sondern hinter dem Tresen und wurde zum Erfinder des *Swimming Pools* – eines legendären Cocktails, der schon deshalb aus Bayern stammen muss, weil er unter anderem aus *Creme of Coconut* und *Blue Curaçao* gemixt wird und damit den Landesfarben huldigt. Ob Charles Schumann ahnt, dass der *Swimming Pool* auch als Hommage an seinen oberpfälzischen Landsmann Konrad Max Kunz verstanden werden könnte, der als Sohn des Schwandorfer Stadttürmers die *Bayernhymne* komponiert hat?

Wie dem auch sei. Der bedeutendste Musiker der Oberpfalz heißt jedenfalls weder Konrad Max Kunz noch Christoph Willibald Gluck, ja nicht einmal Max Reger – sondern Elvis Presley. Der *King of Rock 'n' Roll* kam Anfang November 1958 als Soldat eines amerikanischen Panzerbataillons in die Oberpfalz, um an einem Manöver teilzunehmen. Einquartiert wurde der 23-jährige Weltstar und Plattenmillionär auf dem Gelände des Truppenübungsplatzes Grafenwöhr, einem ehemals königlich bayerischen Schießplatz. Als er ein paar Tage später in Uniform und mit dem Auftrag, eine Panzerkolonne durch die Stadt zu lotsen, auf dem Marktplatz von Amberg stand, soll der Verkehr, den er in Fluss halten sollte, erst recht zusammengebrochen sein. Legendär geworden ist sein Auftritt vor dem Personal der *Micky Bar*, dem Tanzlokal der GIs in Grafenwöhr: Es dürfte das einzige Konzert gewesen sein, das er je in Europa gab. Der schwarze, sichtlich ramponierte Flügel, an dem er damals saß, ist der kostbarste Schatz des Kultur- und Militärmuseums Grafenwöhr.

Den Medienrummel jener Tage würden sich manche Tourismusmanager heute wünschen. Denn obwohl die Oberpfalz in ihre historische Rolle als Brücke zwischen Bayern und Böhmen zurück-gefunden hat, bleibt der Fremdenverkehr hinter den landesweiten Wachstumszahlern zurück. Das zeigt sich auch im Bayerischen Wald, der teils zur Oberpfalz, teils zu Niederbayern gehört. Das fast hundert Kilometer lange Mittelgebirge bietet von »romantischen Thälern« bis zu »ausschauenden Kuppen« alles, was das Herz ei-nes Urlaubers höher schlagen lässt. Diesen landschaftlichen Reizen, »müßten in der guten Jahreszeit« eigentlich doch »Tausende von Naturfreunden zuwallen«, hieß es schon 1846. »Dem ist aber nicht so! Vielmehr sind die reichen Schönheiten dieser Gebirgswelt bis zur Stunde den Nichteingeborenen fast gänzlich unbekannt.«[21] Denn im 19. Jahrhundert herrschten »in den ferner liegenden Gauen des Vaterlandes … mitunter vollends abenteuerliche Vorstellungen von der Beschaffenheit« des Bayerischen Waldes. »Man denkt sich diesen als eine unwirthbare Wildniß, zusammengesetzt aus Fels, Wald und Sumpf, als ein deutsches Sibirien, bewohnt von reißenden Thieren und halbwilden Menschen.«[22] Klimatisch ist die Gegend tatsächlich eine Herausforderung: »Neun Monate Winter, drei Monate kalt – das ist der Bayerische Wald«[23], lautet ein gängiges Sprichwort. Das hat aber auch seine Vorteile: An bis zu 180 Tagen im Jahr findet man in den höheren Lagen des Bayerischen Waldes eine geschlosse-ne Schneedecke vor – ideale Bedingungen für den Wintersport. Das größte zusammenhängende Waldgebiet Europas, das sich jenseits der tschechischen Grenze im Nationalpark Böhmerwald fortsetzt, hat also durchaus Potential – zumal sich die südlichsten Regionen Bayerns von Lindau bis Berchtesgaden längst als Opfer eines entfes-selten *Overtourism* fühlen. Dazu kommt: Mit dem 2014 eröffneten, spektakulär modernen Konzerthaus von Blaibach, initiiert vom Bariton Thomas E. Bauer, punktet die Gegend inzwischen auch bei einem breiten, kunstaffinen Publikum aus nah und fern.

Warum es ohne Niederbayern keine *Zauberflöte* gäbe

Im Norden der Bayerische Wald, »im Süden das Holz- und Hügelland zwischen Isar und Inn, dazwischen aber als Herzader und eigentliche Achse das Donautal mit seinem Gäuboden«[24] – das ist dann schon Niederbayern. Auch hier herrscht bis heute eine gewisse Beschaulichkeit. Die größte Stadt, zugleich Sitz der Bezirksregierung, ist Landshut mit rund 74.000 Einwohnern, gefolgt von Passau, Straubing und Deggendorf. Die Einheimischen gelten als schwerfällig, »beharrsam« und »gradaus bis zur Grobheit«: »Der Niederbayer … ist nur zu gerne ein hainbuchener Geselle«[25], resümiert Benno Hubensteiner, einer der bildmächtigsten bayerischen Landeshistoriker der jüngeren Vergangenheit. Vielleicht erklärt sich mit der sprichwörtlichen Rauflust des Niederbayern auch die außergewöhnliche Kabarettistendichte dieses Landesteils. Bruno Jonas ist als Sohn eines Metzgers in Passau aufgewachsen. In Ornatsöd, keine dreißig Kilometer östlich und schon hart an der Grenze zu Oberösterreich, hat Ottfried Fischer das Licht der Welt erblickt. Und Luise Kinseher – gefeiert als *Mama Bavaria* und stets begleitet von ihrem Dackel Gustl, dem ein Techtelmechtel mit der Hundedame des Familienoberhaupts der Wittelsbacher nachgesagt wird – stammt aus Geiselhöring bei Straubing. Als einer der buntesten Vögel gilt freilich Uğur Bağuşlayıcı. Unter dem Künstlernamen Django Asül führt der gebürtige Deggendorfer, der 2011 seinen türkischen Pass abgab, die Logik der Dinge derart dialektsicher *ad absurdum*, dass die Welt nach Ansicht der *Badischen Zeitung* nicht hoffnungslos verloren sein kann, »solange es noch solche Bayern … gibt«.[26] Dass aus diesem Milieu die Tradition des *Politischen Aschermittwochs* erwachsen ist, an deren Beginn eine Kundgebung des *Bayerischen Bauernbundes* im *Gasthof zum Goldenen Ochsen* in Vilshofen stand, liegt auf der Hand.

Überhaupt besticht Niederbayern durch ein ausgeprägtes Selbstbewusstsein, das sich unter anderem aus der Geschichte nährt: Einst gehörten nicht nur der Chiemgau und Städte wie Burghausen, Erding, Furth im Wald, Kraiburg, Reichenhall, Rosenheim, Traunstein oder Wasserburg zu Niederbayern, sondern auch das oberösterreichische Innviertel und das Tiroler Unterinntal mit seinen Kupfer- und Silbergruben: Kufstein, Rattenberg und Kitzbühel waren niederbayerische Herrschaften, hießen zusammengefasst das *Land im Gebirg* und bescherten Niederbayern seinen Wohlstand. In Landshut, der Hauptstadt, residierten im 15. Jahrhundert nicht von ungefähr die *Reichen Herzöge*, die einen derart großen Schatz horteten, dass man für seinen Transport angeblich siebzig sechsspännige Ochsenfuhrwerke brauchte.

Dass man in Niederbayern »mit viel Prunk, Lärm und Verschwendung«[27] zu feiern pflegt, nimmt also nicht wunder: »Herd und Backofen strotzen von Würsten, Braten, Gänsen, Enten, Hühnern und alle Pfannen prasseln unausgesetzt voll fetter Küchel … Dabei reiht sich Tanz an Tanz«, notierte Felix Dahn 1860. Und »wenn auf einem Platz die Geigen schweigen, schmettern schon wieder am andern die Trompeten.«[28]

Das größte Fest überhaupt fand im Herbst des Mittelalters statt: Zur Landshuter Fürstenhochzeit, der Vermählung des niederbayerischen Herzogssohns Georg mit der polnischen Königstochter Hedwig, war im November 1475 nicht nur der Kaiser, sondern das halbe Römische Reich Deutscher Nation an der Isar zu Gast. Die *Große Rechnung*, die heute in der Bayerischen Staatsbibliothek in

München aufbewahrt wird, zeugt vom Appetit der Hochzeitsgesellschaft: 323 Ochsen, 929 Brühschweine und Spansauen, 3.295 Schafe und Lämmer, 11.500 Gänse und 75.000 Flusskrebse wurden abgerechnet, dazu 338 Pfund Pfeffer, 730 Pfund Feigen und eineinhalb Zentner Safran – vom Fisch, vom Käse und vom Wein ganz zu schweigen.

Freilich – und ohne der *Passauer Neuen Presse* zu nahe treten zu wollen: eine Zeitung von überregionaler Bedeutung gibt es in Niederbayern bis heute nicht, kein Theater von Weltrang und auch keinen Fußballverein mit Chancen auf den Aufstieg in die Bundesliga. Trotzdem sollte man Niederbayern nicht unterschätzen: Die Orgel im Passauer Dom St. Stephan ist mit vier Glockenspielen, 233 Registern und 17.974 Pfeifen die größte Kirchenorgel der Welt. In Dingolfing werden so viele *BMW* gebaut wie nirgendwo sonst. Und mit seinem Anteil an der Hallertau zählt Niederbayern zu den größten Hopfenanbaugebieten überhaupt. Außerdem hält der Regierungsbezirk den Europa-Rekord in der Herstellung von Gewürzgurken. Abgesehen davon gilt der Gäuboden mit seinen fruchtbaren Lößschichten rund um Straubing, Plattling und Osterhofen als Kornkammer Bayerns.

Nicht vergessen werden dürfen die illustren Gestalten, die dieser Regierungsbezirk hervorgebracht hat. Die Franziskanerschwester Maria Innocentia Hummel, geboren in Massing und getauft auf den Namen Berta, fand mit ihren rührseligen *Hummel-Figuren* insbesondere in den USA eine riesige Fangemeinde. Sogar Betty Ford, Gattin des US-Präsidenten Gerald Ford, soll eine ansehnliche Sammlung der pummeligen Porzellanknirpse ihr Eigen genannt haben.

Während die im jugendlichen Alter von 37 Jahren verstorbene Klosterfrau mit ihren Staubfängern aufs Gemüt zielte, setzte Albert Steigenberger aus Deggendorf auf die Lust am Luxus. Dank seines Unternehmergeistes und der Erfahrungen, die er bei einem Aufenthalt in den USA gesammelt hatte, wurde aus dem Sohn eines kleinen niederbayerischen Textilkaufmanns ein höchst erfolgreicher Investor, der seine Heimatstadt mit einem ersten großen Modehaus beglückte, eine Papiermühle zum Wasserkraftwerk umbaute, die ganze Gegend mit Strom versorgte, einen beeindruckenden Haus- und Grundbesitz in München erwarb und eine Zeitlang auch noch das Vermögen der Wittelsbacher verwaltete. Mit der Übernahme der Nobelherberge *Europäischer Hof* in Baden-Baden begann seine zweite Karriere. Albert Steigenberger wurde laut Fred Ludwig Sepaintner zum »erfolgreichsten Hotelier der frühen deutschen Nachkriegsgeschichte«[29] und zum Namensgeber der *Steigenberger Resorts*, zu denen heute fast sechzig Häuser von Brüssel bis Dubai gehören, darunter das legendäre *Cecil* am Hafen von Alexandria, das *Grandhotel Belvédère* in Davos und das *Hôtel de Saxe* gegenüber der Dresdner Frauenkirche.

Ein solcher *Selfmademan* scheint auch Emanuel Schikaneder gewesen zu sein. Der Sohn des Pfarrdieners von St. Jakob und einer Dienstmagd erblickte in der Straubinger Zollergasse das Licht der Welt, sang als Bub bei den *Regensburger Domspatzen* und tauchte – nachdem er als *Lyrant* durch die Lande gezogen war – in die Welt des Theaters ein. Mit seiner Gattin Eleonore schloss er sich der *churbaierisch privilegierten Moserischen Gesellschaft teutscher Schauspieler* an, übernahm dieselbe und mimte *erste Liebhaber*, alternde Stutzer, Vogelmenschen und Luftgeister, ehrliche Bürger und *ausg'schamte Elementer*. Die 61 Jahre seines Lebens sahen ihn in mehreren hundert Hauptrollen. Außerdem betätigte er sich als Bühnendichter. Seine selbstverfasste *Vogelkomödie*, in der er Hühner und Gänse als handelnde Personen auftreten ließ, fiel beim Publikum allerdings durch. Und als er wieder einmal seinen Fünfakter *Philippine Welserin oder die schöne Herzogin von Tyroll* auf die Bühne brachte, bezeichnete ein Rezensent das Schauspiel als »Misgeburt«[30]. Andererseits wusste Emanuel Schikaneder genau, was das

Publikum sehen wollte. Zum Kassenschlager wurde seine Fassung der *Agnes Bernauerin* – ein Stück über die gleichnamige Augsburger Baderstochter, die mit dem bayerischen Herzogssohn Albrecht eine heimliche Ehe eingegangen sein soll und deshalb vom Vater des Bräutigams in der Donau ertränkt wurde. Als Schikaneder bei einem Gastspiel in Salzburg auch noch den Schluss dieses Trauerspiels änderte und – nicht ganz im Einklang mit der historischen Wirklichkeit – statt der Bernauerin deren Richter von der Brücke stoßen ließ, wollte der Jubel gar kein Ende mehr nehmen. »Wenn er großartig durch die Straßen fuhr, in roten Schuhen, Seidenstrümpfen, kanariengelben Beinkleidern, mit Silber reich bordierter Weste und einem scharlachroten Frack, mit einem stählernen Degen an der Seite, den dreieckigen Herrenhut mit weißen Straußenfedern auf dem Kopf, dann schrien die Salzburger *Vivat Schikaneder.*«[31] Als der solchermaßen Gerühmte am Ende seines Lebens nach Budapest reiste, um das neu erbaute Theater zu übernehmen, wusste er bei seiner Ankunft zwar nicht mehr, was er in der Haupt- und Residenzstadt des Königreichs Ungarn eigentlich wollte, geschweige denn, wer er war. Auf Nachfrage stellte er sich aber immerhin als *Papageno* vor – und hatte damit gar nicht so unrecht: Aus der Feder von Emanuel Schikaneder, der sich 1780 mit Wolfgang Amadeus Mozart angefreundet hatte, stammt nicht nur das Libretto der *Zauberflöte*. Bei der Uraufführung am 30. Oktober 1791 im Wiener *Freihaustheater auf der Wieden* schlüpfte er auch in die Rolle des *Papageno.* Er hatte sie sich selber auf den Leib geschrieben. Mit anderen Worten: Der erste Vogelfänger der Operngeschichte – und zugleich sein Schöpfer – war ein Niederbayer!

Zu den heutigen Aushängeschildern dieses Landesteils zählt ebenfalls ein Mann des *Showbusiness*: der Volksmusiker, Schlagersänger und Moderator Florian Silbereisen. Neuerdings ist der Ex-Freund von Helene Fischer auch als Schauspieler präsent: Als Kapitän des *ZDF-Traumschiffs* kreuzt er seit Ende 2019 auf den

Weltmeeren. Aufgewachsen aber ist er als Landei in Tiefenbach im Landkreis Passau, wo das kulturelle Leben von *Bulldogfreunden*, dem *Pfeifenkopfverein* und den *Schnupfabuam* bereichert wird und das Preis-Watten zu den gesellschaftlichen Höhepunkten des Jahres zählt. Es bleibt abzuwarten, welche Bedeutung ihm seine Heimatgemeinde einst zusprechen wird. Bisher gilt jedenfalls der Sattler Sepp als berühmtester Sohn Tiefenbachs: Der Sohn eines wohlhabenden Bauern wurde wegen seiner Rauflust mit einem Wirtshausverbot belegt, machte sich als Wilderer und dann auch noch als Ausbrecherkönig einen Namen. Seine Karriere fand 1878 allerdings im Kugelhagel der Gendarmerie von Otterskirchen ein ebenso jähes wie schmachvolles Ende.

Warum Oberbayern eine einzige Völkerschau ist

In Oberbayern ist alles eine Nummer größer. Da sind nicht nur die Berge, die Übernachtungszahlen und die zu versteuernden Einkommen höher als in den anderen Regierungsbezirken, sondern auch die Verkaufszahlen überdimensionierter Privatkarossen, die bis zu 625 PS unter der Haube haben und rollenden Einfamilienhäusern immer ähnlicher werden. Ob diese Form der Kraftmeierei dem »Jaagerischen«[32] des oberbayerischen Wesens geschuldet ist, bleibt dahingestellt. Jedenfalls tragen die Einheimischen ein gewisses Selbstbewusstsein vor sich her. Schließlich übertrumpft Oberbayern in puncto Fläche (17.529 Quadratkilometer) und Einwohnerzahl (4,7 Millionen) sowohl Schleswig-Holstein als auch Thüringen. Innerhalb des Freistaats hat das Land zwischen Lech und Salzach, Donau und Alpen ebenfalls eine Sonderstellung: Oberbayern ist nicht nur der größte der sieben bayerischen Regierungsbezirke. Oberbayern gilt auch als *Paradebayern*. Denn hier lässt sich alles besichtigen, was von Vancouver bis Wladiwostok unter *typisch bayerisch* subsumiert wird: das *Hofbräuhaus* und die Wiesnbrezn, das Schafkopfen und das Goaßlschnalzen, die Leonhardifahrt und das Maibaum-Stehlen, das Edelweiß und die Lüftlmalerei. Den grellsten Klischees entsprechend quellen rotflammende Geranien aus grüngestrichenen Blumenkästen. Der üppige Stuck barocker Gotteshäuser erinnert an den Schaum in den Masskrügen. Und das selbstvergessen weidende Murnau-Werden-

47

felser Rind trägt sein braunbuntes Fell unter dem Föhnhimmel mit demselben Stolz zur Schau wie der Bauer seine Tracht.

Die Pflege des kulturellen Erbes dient gerade in Tagen galoppierender Globalisierung als Rettungsanker in Sachen Identität. Klöster, Schlösser und denkmalgeschützte Bauernhöfe, die jahrzehntelang dem Verfall preisgegeben waren, erstrahlen in neuem Glanz. In den Städten leuchten die Fassaden der Bürgerhäuser wieder vielfarbig um die Wette. Historische Märkte, Spektakel und Umzüge schießen aus dem Boden. Und kein Jahr vergeht, ohne dass irgendwo ein Flussabschnitt renaturiert oder eine andere Umweltsünde früherer Generationen getilgt würde.

Natürlich – auch in Oberbayern finden sich empfindliche Geschmacksverirrungen wie verjodelte Landhausbalkone, *aufgschnackselte* Gartentore aus Schmiedeeisen oder Plastikjalousien, die an die Stelle hölzerner Fensterläden getreten sind. Auch in Oberbayern überwuchern gesichtslose Gewerbegebiete die alten Streuobstwiesen vor den Dörfern. Auch in Oberbayern protestieren Bürgerinitiativen und Naturschutzverbände gegen den Ausbau von Bahntrassen, Bundesstraßen, Flughäfen und Staustufen.

Trotzdem ist Oberbayern immer noch reich gesegnet mit Landschaftsbildern von unverschämter Schönheit. Das kommt, der Überlieferung nach davon, dass die Oberbayern ihr auftrumpfendes Wesen nur vortäuschen, um ihre stammestypische *Gschamigkeit* nicht offensichtlich werden zu lassen. Deshalb stellten sie sich, als Gott, der Herr, nach dem Schöpfungsakt alle Völker zusammenrief, um ihnen ihr jeweiliges Stück Erde zuzuteilen, ganz am Ende der Schlange an. Als sie endlich an die Reihe kamen, war alles vergeben. Was blieb dem Herrn des Himmels anderes übrig, als ihnen den allerschönsten Winkel der Welt zu überlassen, den er eigentlich für sich selber reserviert hatte – nämlich Oberbayern!

»Herr, wen du lieb hast, den lässest du fallen in dieses Land«[33], schreibt Ludwig Ganghofer. Der gebürtige Oberschwabe soll der

Leib-und-Magen-Autor Kaiser Wilhelms II. gewesen sein, was ihm offenbar nicht geschadet hat. Im Gegenteil. Mit seinen hirschbrünftigen Schmachtromanen, die eine Gesamtauflage von vierzig Millionen Exemplaren erreichten, zählte der *König der Heimatliteratur* zu den erfolgreichsten deutschsprachigen Schriftstellern seiner Tage. Als *Erfinder des Alpenkitschs* prägt er das Bild von Bayern bis heute. Mit der oben zitierten Sentenz aus seinem historischen Roman *Die Martinsklause* meinte Ludwig Ganghofer zwar nur das Berchtesgadener Land, wo er häufig zur Sommerfrische weilte. Längst aber münzen Marketingstrategen den Satz auf die ganze Region. Allerdings ist Oberbayern nicht gleich Oberbayern. In der allgemeinen Wahrnehmung reduziert sich die Bezeichnung auf das Voralpenland mit München als Eingangspforte. Tatsächlich aber liegt die bayerische Landeshauptstadt nicht am Rand, sondern nahezu im Herzen Oberbayerns, das eine erstaunliche Vielfalt unterschiedlicher Kulturlandschaften aufweist.

Dazu gehört das Altbayerische Donaumoos – eine im 19. Jahrhundert kultivierte Flussniederung mit schnurgeraden Straßen, die schon wegen ihrer schwarzen Erde im Ruf des Sinistren stand. Die Gegend, in der einst die Räuber Ferdinand Gump und Eduard Gänswürger ihr Unwesen trieben, gilt heute als Boom-Region. Hier geht man seiner Arbeit in der Automobilindustrie, bei der *Airbus Group* oder in einer der drei Erdölraffinerien nach – und orientiert sich Richtung Ingolstadt. Der Unternehmensstandort der *Audi AG* liegt rund siebzig Kilometer nördlich von München und ist mit knapp 140.000 Einwohnern nach der Isarmetropole die größte und am schnellsten wachsende Stadt des Regierungsbezirks. Auf diese Weise wird eine Erfolgsgeschichte fortgeschrieben, die im 19. Jahrhundert mit der industriellen Produktion von Munition und Geschützen begonnen hat. Ingolstadt spielte militärisch von jeher eine gewichtige Rolle. Mit ihrem strategisch bedeutsamen Donauübergang galt die einstige Hauptstadt eines wittelsbachischen Teilherzogtums als *Brückenkopf Bayerns*. Im 16. Jahrhundert wurde sie zur *Landesfestung* ausgebaut. Vom damaligen Bollwerk hat sich fast nichts erhalten. Umso eindrucksvoller sind die mächtigen Bastionen, Wälle und *Kavaliere*, die Geschützstellungen aus dem 19. Jahrhundert, die Ingolstadt den Ruf eingebracht haben, das »größte Freilichtmuseum für deutsche Festungsarchitektur«[34] zu sein. Dazu passt, dass auch der unvermeidliche *Bayerische Defiliermarsch*, die weiß-blaue Entsprechung von *We Are the Champions*, aus Ingolstadt stammt. Das instrumentale Schlachtengemälde komponierte der Militär-Musikmeister Jacob Philipp Adolph Scherzer für das *Königlich Bayerische 7. Infanterie-Regiment*, das damals in Ingolstadt stationiert und schon gegen die Türken ins Feld gezogen war. Heute kündigt die heimliche Landeshymne mit ihrer bierzelterschütternden Wucht die öffentlichen Auftritte der bayerischen Ministerpräsidenten an und lässt diese Spektakel ähnlich pompös erscheinen wie die Triumphzüge siegreicher Feldherren der Antike. Außerdem ist in Ingolstadt das *Bayerische Armeemuseum* zuhause. Es residiert im *Neuen Schloss* der früheren Herzöge. Zu seinen Prunkstücken gehört das Schlafzelt des osmanischen Großwesirs Süleyman Pascha – ein mobiler Feldpalast aus rotem Samt und zu floralen Mustern applizierter Seide, der nach der Schlacht von Mohács der Beute des bayerischen Kurfürsten Max Emanuel zugeschlagen wurde und – um die Schmach der unterlegenen Türken zu steigern – sogar noch im Königreich Bayern als fürstliches Partyzelt Verwendung fand. Dass die weiß-blauen Truppen der Vergangenheit sehr viel häufiger zu den Verlieren als zu den Siegern zählten, erfährt man im Bayerischen Armeemuseum ebenfalls. Im *Reduit Tilly*, auf dem gegenüberliegenden Ufer der Donau, ist die umfangreichste Dauerausstellung zum Ersten Weltkrieg untergebracht, die es im deutschsprachigen Raum gibt.

Rund um Ingolstadt sind die Wälder landschaftsbestimmend, die Straßendörfer – und der Fluss: Gemächlich zieht die Donau ihre Bahn, gesäumt von urtümlichen Auwäldern, die für ihren Wildreichtum bekannt sind. Fünfzehn Kilometer westlich erhebt sich das ehemalige Wasserschloss Grünau aus den sumpfigen Wiesen. Mit seinen Türmchen und Giebeln scheint der verwunschene Jagdsitz den Geist der Loire zu atmen. Die Gemächer sind mit einem der originellsten profanen Freskenzyklen jener Tage ausgeschmückt. Der Bauherr, ein astrologiegläubiger Wittelsbacher namens Ottheinrich, residierte im nahen Neuburg an der Donau, schwelgte im Luxus des Lebens und zählte als Freund der Bücher, der gelehrten Debatten und der schönen Frauen zu den herausragendsten Fürstengestalten des 16. Jahrhunderts.

In Eichstätt steht man – sofern sich irgendwann einmal der Nebel lichtet – staunend vor einem städtischen Gesamtkunstwerk, das die unterschiedlichsten Epochen in einzigartiger Weise widerspiegelt: Über der Altmühl erhebt sich die imposante Willibaldsburg, in deren Schatten der *Hortus Eystettensis* lag, einer der berühmtesten Renaissancegärten Europas. Unten in der Stadt breitet sich der barocke Residenzplatz aus. Entlang seiner Pflasterstrahlen wiederholt sich alljährlich am 23. Juli *zu Beginn der siebten Stunde* ein symbolträchtiges Sonnenspektakel, das auf das Erscheinen der apokalyptischen Frau in der *Offenbarung des Johannes* anspielt. Und mittendrin vervollständigen Glanzlichter moderner Architektur das Gebäudeensemble der Katholischen Universität – darunter ein Kubus im Hofgarten, für den Karljosef Schattner mit dem *Mies van der Rohe Award for European Architecture*, dem renommiertesten europäischen Architekturpreis, ausgezeichnet wurde.

Auch hier entspricht die Umgebung nicht dem, was man sich unter Oberbayern gemeinhin vorstellt: Das stille, verwunschene Altmühltal, reich an verfallenen Burgen und bizarren Felsformationen, wird fast ausschließlich von Radlern, Kanufahrern und Klettersportlern bevölkert. Das eindrucksvolle *Figurenfeld* von Alois Wünsche-Mitterecker, ein wuchtiges Mahnmal gegen den Krieg, liegt inmitten blühender Wacholderheiden. Und die flächenfressenden Steinbrüche, in denen der Solnhofer Plattenkalk abgebaut wird und gelegentlich ein Exemplar des Urvogels Archaeopteryx zum Vorschein kommt, hinterlassen riesige Schutthalden und eine monströse Kraterlandschaft.

Das klassische Oberbayern umfasst eher die Bilderbuchlandschaften im Süden und Südosten Münchens – etwa den Chiemsee. Er zählt zu den größten stehenden Gewässern der Republik, wird deshalb auch *Bayerisches Meer* genannt, und spiegelt exemplarisch den Reichtum bayerischer Kulturgeschichte wider. Am Festtag der seligen Irmengard, der Patronin des Chiemgaus, ziehen bis heute die Benediktinerinnen mit ihrer Äbtissin unter Glockengeläut und dem Salut der Gebirgsschützen über die Fraueninsel. Die Torhalle des mittelalterlichen Nonnenklosters stammt vermutlich noch aus den Tagen der Karolinger und dürfte das älteste Bauwerk Bayerns sein. Gegenüber, auf der Herreninsel, komponierte Norbert Hauner, der letzte Dekan des dortigen Augustiner-Chorherrenstifts, das Adventslied *Tauet Himmel den Gerechten*. Die Stiftskirche war gleichzeitig die Kathedralkirche des Bistums Chiemsee – bis die Säkularisation die spirituelle Tradition auf diesem Eiland jäh beendete, den mächtigen Dom mit seinen barocken Fresken in ein Brauhaus verwandelte und König Ludwig II. die Gelegenheit eröffnete, im ehemaligen Klosterwald seinen Traum von einem Palast nach dem Vorbild von Versailles zu realisieren: Schloss Herrenchiemsee.

Die Herrscher früherer Jahrhunderte vergnügten sich eher am Starnberger See, der nur achtzehn Kilometer südwestlich der Münchner Stadtgrenze liegt und an ein denkwürdiges Kapitel weiß-blauer Geschichte erinnert: Bis zum Ende des Ersten Weltkriegs verfügte Bayern laut einem am 1. April 2014 im *Historischen Lexikon Bayerns* publizierten Beitrag über eine eigene Hochseeflotte. Demnach ist sie bereits für die Zeit der Agilolfinger belegt und dürfte im zehnten Jahrhundert, als die Südgrenze des Landes einen

Teil des nordadriatischen Küstensaums umfasste, sogar eine gewisse Schlagkraft gehabt haben. In späteren Jahrhunderten kam sie angeblich auf Bodensee, Main und Donau zum Einsatz. Ab 1871 unterstand sie im Kriegsfall dem deutschen Kaiser, 1918 wurde sie aufgelöst. Nach verwaltungstechnischen Gesichtspunkten zählte auch jene Flotte zur weiß-blauen Marine, die den bayerischen Wittelsbachern zur Lust-Schifffahrt diente und auf dem Starnberger See kreuzte. Um 1670 gehörten dazu eine *Rote Gondel*, eine *Grüne Gondel*, eine *Haarfarbene Gondel* und eine *Possenhofener Gondel*, außerdem das *Leibjagdschiff*, das *Mundkuchlschiff*, das *Nebenkuchlschiff*, das *Kellerschiff*, das *Silberschiff* und ein »Notturfft-Gundele«[35]. Das berühmteste bayerische Wasserfahrzeug aller Zeiten war freilich der *Bucentaur*, dessen Bezeichnung sich möglicherweise von *buzzo d'oro, goldener Bauch* herleitet. Das *schwimmende Jagdschloss*, von dem aus die hohen Herrschaften Hirsche und anderes Wild abschossen, das man zuvor ins Wasser getrieben hatte, orientierte sich in seiner äußeren Gestalt am Staatsschiff des Dogen von Venedig. Es verfügte über drei Decks, eine prachtvoll dekorierte *Bel-Etage* mit kostbaren Teppichen und versenkbare Fenster. Bewegt von 128 Ruderern, ausgestattet mit sechzehn *Böllerkanonen* und begleitet von den schmetternden Fanfaren der Hofkapelle fasste es mindestens 300 Passagiere und war vermutlich das größte Schiff, das damals auf einem europäischen Binnengewässer kreuzte. Ob sich Thomas Mann diese Szenen imaginierte, als er zu Beginn der 20er Jahre des vorigen Jahrhunderts in einem Ruderboot über die Wellen des Starnberger Sees schaukelte, um anschließend in seinem zeitweiligen Sommerhaus am Westufer, zwischen Feldafing und Garatshausen, das Grammophon anzuwerfen, Puccini, Verdi und Wagner zu hören und mit dem Kapitel *Die Fülle des Wohllauts* die sinnlichste Passage seines Romans *Der Zauberberg* niederzuschreiben?

Zu diesem *Paradebayern* gehört jedenfalls auch der Tegernsee, der mit dem Wallberg und anderen Gipfeln des Mangfallgebirges die

Kulisse bildete, als die Eltern von *Sisi* am 9. September 1828 ihre Hochzeit in der ehemaligen Klosterkirche St. Quirin feierten. Die Bürgermeister der inzwischen vom *Overtourism* geplagten Anrainergemeinden des Tegernsees beschwerten sich im Frühjahr 2020, »dass es [in den Tagen des grassierenden Corona-Virus] erlaubt ist, dass Menschen aus dem Großraum München auf die Berge und damit auch an die Seen fahren dürfen«. Das sei »eine Katastrophe«. Deshalb forderten sie die Präsidentin des Bayerischen Landtags auf, »darauf einzuwirken … dass sich die Leute nur in ihren Landkreisen aufhalten dürfen«, weil man nicht wisse, »wer hinter den *Münchnern* den Dreck wegräumen soll.«[36] Der Bayerische Ministerpräsident lehnte dieses Ansinnen jedoch schnöde ab. Denn der Rummel ist zu einem guten Teil selbst gemacht: 1892 begann in Schliersee der Siegeszug des bayerischen Bauerntheaters. Unter der Regie des Hofschauspielers Konrad Dreher und mit dem gelernten Metzger Xaver Terofal als Direktor tourte die Truppe im Winter 1895/96 durch die USA und präsentierte ihre schenkelklatschende Folklore als weiß-blauen Exportschlager – unter anderem bei Auftritten in der *Metropolitan Opera* in New York. Dass dieses Gastspiel als »Völkerschau aus Bayern« angekündigt wurde – also ähnlich »wie die Zirkusattraktionen von nacktbusigen Hottentotten« oder »aufgeputzten Indianern und sonstigen *Abnormitäten*« – findet der Literaturwissenschaftler Reinhard Wittmann zwar »entlarvend«[37]. Für den beginnenden Fremdenverkehr, der als *Gebirgssommerfrische* bezeichnet wurde, waren solche Auftritte allerdings die beste Reklame. Spätestens seit 1880 organisierte das britische Familienunternehmen *Thomas Cook & Son* für betuchte Amerikaner und Engländer die ersten Pauschalreisen nach Oberbayern. Und 1912 beförderte die Königsseeschifffahrt mit ihren modernen Naphta-Dampfern und Elektrobooten schon über 100.000 Fahrgäste zur Halbinsel St. Bartholomä mit ihrem malerischen Ensemble aus Wallfahrtskirche und ehemaligem, zum Gasthaus umgebauten Jagdschloss.

Als topographisches i-Tüpfelchen all dieser Gegenden gilt ihre Lage vor der imposanten Alpenkulisse, die sich auf oberbayerischem Gebiet von Garmisch-Partenkirchen im Westen bis nach Berchtesgaden im Osten hinzieht und den südöstlichen Regierungsbezirk des Freistaats zu einem *Land vor den Bergen* macht. Natürlich: Auch in Oberbayern gibt es seelenlose Retortenstädte wie Penzberg oder Waldkraiburg und wenig charmante Vorortgemeinden wie Germering oder Ottobrunn. Im Ganzen gesehen muss man jedoch sagen: Die jubilierende Heiterkeit der Wallfahrtskirche zum Gegeißelten Heiland in der Wies nahe Steingaden und der düstere, von der *Bestiensäule* geprägte Ernst der Krypta im Freisinger Dom, das mittelalterliche Gepräge des kurfürstlich-bayerischen Kriegshafens Wasserburg und die gründerzeitliche Grandezza des Kurviertels von Bad Reichenhall, die beschauliche Stille des *Holzlands* um Altötting und die stets überlaufene, von Gipfelstürmern wie Skifahrern heimgesuchte Touristenregion rund um Deutschlands höchsten Berg, die Zugspitze: Das alles ist, um den Schriftsteller Joseph von Westphalen zu zitieren, »schon schön«, selbst wenn dieser Halbsatz, von einem Einheimischen ausgesprochen, fast schon chinesisch klingt: »Schoo schee«[38].

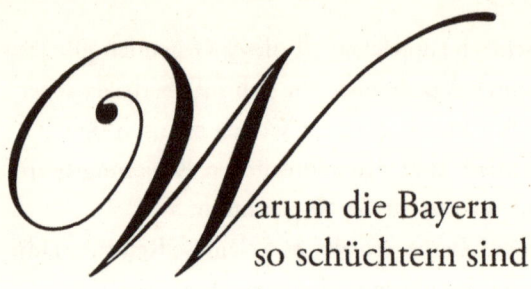

Warum die Bayern so schüchtern sind

Die Menschen in Bayern und ihr Wesen wurden schon zu Lebzeiten von Martin Luther wenig freundlich beurteilt. So heißt es bei Sebastian Franck, der aus dem schwäbischen Donauwörth stammte und 1534 mit seinem *Weltbuch* die erste Kosmographie auf Deutsch vorlegte, die Bewohner der weiß-blauen Lande seien »ein wenig grob leüt«[39], »nit seer ein höflich volck / sunder grober sitten vnd sprach«[40].

Tatsächlich bevorzugen die Bewohner der weiß-blauen Lande klare Worte und halten mit ihrer Meinung selbst dann nicht hinter dem Berg, wenn ihnen daraus Nachteile erwachsen. Sie sind unbestechlich, aufrichtig, ehrlich und geradlinig. Manchmal freilich kippt das Ganze ins Pathologische. Das nennt sich dann *Grant*. In dieser Gemütslage wird ausgiebig und oft schon aus nichtigem Anlass geschimpft. Die aggressivere Variante ist das *Maulaufreißen*, bei dem sich eine anhaltend schlechte Laune mit verbalsportlichem Ehrgeiz paart. Die Folgen bleiben in der Regel harmlos. Die Situation kann sich jedoch zuspitzen, wenn – hervorgerufen durch eine winzige Provokation – der Stolz, die Ungeduld, der Hang zum *Gachzornigen* durchbrechen. Untrügliche Anzeichen dafür sind anschwellende Halsschlagadern, stark hervortretende Augäpfel und rasselndes Luftholen. In Fällen wie diesen sollte man unverzüglich in Deckung gehen. Denn üblicherweise folgt der berüchtigte *Furor bavaricus*. Franz Hugo Mösslang vergleicht diese Explosion weiß-blauen Temperaments mit einer Naturkatastrophe: »Wie aus heiterem Himmel ... bricht plötzlich ein Wirbelsturm maßloser Behauptungen auf die angsterstarrte Landschaft nieder ... Aus der gelben Wolke des Jähzorns drischt der Hagel eiskalten Vernichtungswillens in Vernunft und Logik, feurig fahren grellblitzende Injurien auf Schuldige und Unschuldige ... herab, und krachend haut der Donner apokalyptische Wortgebilde ins Ohr der Kreatur. Auf dem Höhepunkt des Schauspiels plötzlich Totenstille. Dann schlägt der fürchterliche Schlußakkord nieder, Blitz und Donner zugleich: das bayerische Kraftwort.«[41]

Das bayerische Kraftwort kann ein Fluch sein (*Himmeherrgottsakrament!*), ein Schimpfwort, das dem Gegenüber sein Menschsein abspricht (*oida Schraumdampfa!*), körperliche Auffälligkeiten benennt (*fette Blunzn!*) oder durch die Verdopplung der angeblichen Eigenschaft seine ganze Niedertracht entfaltet (*Dreckhamme, dreckada!*). Genau genommen sind »altbayerische Wutausbrüche ... gebrüllte Kapitulationen«[42], wie Franz Hugo Mösslang ganz richtig feststellt – nämlich das Eingeständnis, überfordert zu sein. Der Zorn und die zur Schau getragene Bärbeißigkeit dienen also lediglich dazu, sich nicht in die zarte Seele blicken zu lassen, wo Kummer, Schmerz und Sorge wohnen.

Schließlich weiß man um seine Grenzen. Man hegt erhebliche Selbstzweifel, wird regelmäßig zum Opfer plötzlich aufsteigender Sentimentalität und ist im Grunde seines Herzens ebenso bescheiden wie schüchtern. Deshalb gehört das devote *Servus*, was so viel wie *zu Diensten* heißt, südlich der Donau zu den gängigsten Grußformeln. Deshalb kannte das Königreich Bayern – trotz der allgegenwärtigen Lust am Spektakel – kein Krönungsritual. Deshalb lässt sich sogar ein Professor auf dem Land widerstandslos mit *Du* anreden. Insofern trifft der Münchner Komiker Karl Valentin, ein enger Freund von Bert Brecht, mit seiner Charakterisierung des Einheimischen den Nagel auf den Kopf: »Mögen hätt ich schon wollen, aber dürfen hab ich mich nicht getraut.«[43]

Sogar Ludwig Thoma erlag regelmäßig der stammestypischen »Schamhaftigkeit«[44]. Der ebenso wortgewaltige wie krachlederne Chronist der ländlichen Welt – als Autor der *Lausbubengeschichten* und anderer humoristischer Geniestreiche ungemein populär – wurde lang als »Säulenheilige[r] der bayerischen Literatur«[45] gefeiert. Dann aber stellte sich heraus, dass er in den letzten Monaten seines Daseins für den *Miesbacher Anzeiger* anonym rund 170 Beiträge mit volksverhetzenden Pöbeleien verfasst hatte. Voller bajuwarischer Selbstgefälligkeit wetterte er gegen die »Sau- und Regierungsjuden … an der dreckigen Spree«[46], geißelte den Parlamentarismus als »Blödsinn« und sah überall »Rindviecher am Werk, … die nur Parteibroschüren gefressen haben«[47]. Ludwig Thoma begrüßte den Mord an Kurt Eisner, dem ersten Ministerpräsidenten des Freistaats Bayern, der ein gebürtiger Berliner mit jüdischen Wurzeln war, und schrieb im Hinblick auf dessen Initiativen, den Staat gegenüber der katholischen Kirche zu stärken: »Wir Arier haben es am Ende nicht nötig, ruhig zuzusehen, wie schmierige Lausbuben, Tango- und Spinatburschen[48] zu Christenpogromen hetzen«.[49] Seine verbalen Exzesse sind nicht nachvollziehbar – zumal »seine Freundin Maidi Liebermann Halbjüdin, seine erste Frau Mulattin gewesen ist«, wie der Literaturwissenschaftler Gerd Holzheimer anmerkt. Aber das »vergißt und verdrängt Thoma, tut ihm nichts zur Sache«[50]. Umso memmenhafter reagierte der grobschlächtige Altbayer, für den der Bauernstand die »einzig wahre Verkörperung deutscher Wesensart«[51] war, wenn er sich einem größeren Publikum gegenübersah: Die öffentliche Aufmerksamkeit verstörte ihn derart, dass er anschließend, laut eigenem Zeugnis, »beschämt, verkatert und wochenlang arbeitsunfähig«[52] war. Zuletzt wohnte er nicht einmal mehr den Uraufführungen seiner eigenen Stücke bei.

Das zurückhaltende, eher kontemplative Naturell des bayerischen Volkes rührt vielleicht noch von jenen Tagen her, als die Klöster für Bayern eine große Bedeutung hatten. Jahrhundertelang gaben die Mönche den Takt des Lebens vor, rodeten Wälder, kultivierten das Land und bauten Straßen. Sie unterhielten Bibliotheken, Schulen und Werkstätten, bestimmten das gesellschaftliche, kulturelle und wirtschaftliche Leben. »D' Zeit braucht sein' Zeit«[53], heißt es denn auch in Carl Orffs Satyrspiel *Astutuli*. Tatsächlich fallen Entscheidungen in Bayern erst nach reiflicher Überlegung – und wer meint, die Menschen zwischen Lech und Salzach seien wortkarg und unnahbar, lasse sich sagen: Sie denken wahrscheinlich gerade über irgendetwas nach. Möglich, dass es dem einen oder anderen Gesprächspartner lieber wäre, jeden Erkenntnisschritt haarklein erläutert zu bekommen. In Bayern aber neigt man dazu, die Dinge für sich zu sortieren und lediglich die Lösung zu präsentieren. Dafür wird das Ergebnis ausgereift sein, *belastbar*, wie man so schön sagt. Aus diesem Grund ist das Selbstbewusstsein der Bayern auch echt und bedarf keiner Schmeichelei. Schöne Worte sind ihnen fremd: *Ned schlecht*, lautet das höchste Lob, das ihnen über die Lippen kommt. In besonders maulfaulen Landstrichen gilt sogar Schweigen als Ausdruck der Anerkennung. *Nix gsagt is globt gnua*, heißt es dort.

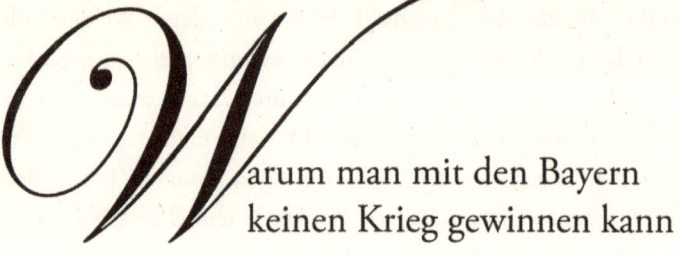

Warum man mit den Bayern keinen Krieg gewinnen kann

Das bayerische Wesen changiert zwischen Grobheit und Grazie, Jähzorn und Milde, Hitzköpfigkeit und solider Überlegung. Ergänzend fügt Friedrich Nicolai an, die Bayern seien »derb, aber nicht grausam; dreist und keck, aber nicht verwegen; abergläubisch … sehr faul und dem Trunke ergeben«[54]. Den Vorwurf der Faulheit wird jeder Einheimische freilich von sich weisen. Und die Statistiken geben ihm recht: Die weiß-blauen Wirtschaftsdaten zählen regelmäßig zu den besten in Deutschland, die Zahl der Arbeitslosen bleibt selbst in Krisenzeiten auf niedrigem Niveau.

Dass in Bayern immer reichlich gebechert wurde, lässt sich dagegen schwer abstreiten. Denn davon berichtet auch der französische Humanist Michel de Montaigne, der im Herbst des Jahres 1580 auf dem Weg nach Rom durch Bayern reiste. Selbst Johannes Aventinus, der aus Abensberg in der Hallertau stammt, zum Wegbereiter der klassischen Philologie wurde und 1523 die erste Landkarte des weiß-blauen Herzogtums herausgab, erwähnt dieses Laster in seiner *Bayerischen Chronik*. Dort heißt es unter der Überschrift »Beschreibung der sitten des lands«: »Das bairisch volk … trinkt ser, macht vil kinder … sitzt tag und nacht bei dem wein, schreit singt tanzt kart spilt.«[55]

Tatsächlich war Bayern über Jahrhunderte ein Land der Rebstöcke. Sie wuchsen vor allem entlang der Donau – von Neuburg über Donaustauf bis weit hinter Straubing. In der Gegend um Deggendorf zählte man noch in der Mitte des 18. Jahrhunderts über zwei Dutzend Winzer. Aber auch in Amberg, in Erding, im Inn- und im Isartal wurde Wein angebaut. In der Münchner Residenz hängt ein großer Wandteppich, der die Weinlese auf dem Birkenberg zeigt, im Hintergrund die Kulisse der heutigen niederbayerischen Bezirkshauptstadt Landshut.

Die Güte des bayerischen Rebensaftes wurde allerdings unterschiedlich beurteilt. So schrieb der bayerische Staatskanzler und Rechtsgelehrte Wiguläus von Kreittmayr in seinen 1761 publizierten *Anmerkungen* zum *Chur-Bayrischen Land-Recht*: »O glückliches Heimatland, wo der Essig, der anderswo mit großem Eifer bereitet werden muss, von selber wächst.«[56]

Der Wein scheint in Bayern also zurecht vom Bier verdrängt worden zu sein. Giacomo Casanova, der eigentlich eine kirchliche Karriere einschlagen sollte, als angehender Priester in Venedig aber betrunken von einer Kanzel fiel und das geistliche Amt aufgab, mag das bedauert haben. Denn der legendäre Schwerenöter, der mehrfach im Gasthof *Zum Goldenen Hirschen* in der Münchner Theatinerstraße logierte, fand das Bier ausweislich seiner Memoiren »abscheulich«[57]. Mit dieser Einschätzung stand er jedoch allein auf weiter Flur. Schließlich galt in Bayern schon seit 1516 das von Herzog Wilhelm IV. im Rahmen einer neuen *Landordnung* erlassene und bis heute verbindliche Reinheitsgebot. Es ist angeblich die älteste Lebensmittelverordnung der Welt. Sie schreibt fest, dass »füran allenthalben in vnnsern Steten / Märckten / vnnd auf dem lannde / zu kainem pier / merer stückh / dann allain Gersten / Hopffen / vnnd wasser / genomen vnd gepraucht söllen werden. Wel[c]her aber diese vnnsere ordnung wissentlich ... nit halten w[ü]rde / dem sol von seiner gerichtsöbrigkait / dasselbig Vas pier / zustraff ... genomen werden.«[58]

Die gleichbleibende Qualität des Gerstensafts ist also ein für alle Mal sichergestellt. Und Rechtfertigungen, das Bier gleich mass-, also literweise in sich hineinzuschütten, finden sich zuhauf. Das kühl-feuchte Klima südlich der Donau erfordere einen innerlich wär-menden, zugleich nahrhaften Trunk, heißt es beispielsweise. Eine zänkische Gattin oder ein missratener Sohn gelten ebenso als Legi-timation. Und dass die Glasbläser im Bayerischen Wald der hölli-schen Hitze am Schmelzofen nur deshalb standhielten, weil sie ihr mit teuflisch viel Bier trotzten, liegt auf der Hand. Vor allem an den Stammtischen setzte sich das Bier durch. Denn nach sieben bis elf Mass verliert jedes Ungemach seine Brisanz. Stattdessen breitet sich ein tranceähnliches Gefühl der Gleichgültigkeit aus.

Berühmt geworden sind in diesem Zusammenhang die soge-nannten *Rauschtafeln*. Sie listen bis zu zwei Dutzend verschiedene deliröse Zustände auf – vom harmlosen *Spitzl*, der schon für ein kleines Trinkgeld zu haben ist, über den sedierenden *Brummer* bis zum verhängnisvollen *Fetzenrausch* im Gegenwert eines Tagesver-dienstes. Der Biergenuss hat zuweilen also durchaus etwas Ruinöses an sich. »Wenn Handwerker oder Bauern Bankrott werden, ist die Ursache gemeiniglich im Bierkruge zu suchen«[59], schreibt etwa der aus Niederbayern stammende und in Wien sesshaft gewordene Auf-klärer Johann Pezzl in seinem 1784 veröffentlichten Bericht über eine *Reise durch den Baierschen Kreis*. Allerdings verschweigt Pezzl, dass die *Großkopferten* – also der Klerus, der Adel und die Bürger – dem Trunke ebenso zugeneigt waren.

Heute ist das anders. Der Bierkonsum sinkt – wie in ganz Deutschland – auch in Bayern. Fast wäre man geneigt, die Münchner Wiesnwirte für diese Entwicklung verantwortlich zu machen: Beim Münchner Oktoberfest des Jahres 2019 kostete die Mass in den teu-ersten Zelten stolze 11 Euro 80. Man möchte meinen, das könne sich niemand mehr leisten. Weit gefehlt! Auf dem größten Volksfest der Welt wird – Krisen hin, Krisen her – gezecht, was das Zeug hält.

Dafür wächst in Bayern die Fraktion der Abstinenzler. Das dürf-te im Sinne des Dramatikers Heinrich Laube sein, der aus Sprottau in Preußisch-Schlesien stammte und angesichts der weiß-blauen Trinkgewohnheiten von hysterischen Anwandlungen heimgesucht wurde. Jedenfalls fand er, als er 1833 Bayern besuchte, das ganze Land »mit Bier überfluthet« und notierte über die Bewohner, der Gerstensaft sei »ihr Nationalheiligtum, ihr vaterländischer Mittelpunkt« und zugleich »die erste und letzte Aeußerung [ihrer] Kultur«. »Dieses Bier hat allen kosmopolitischen Fortschritt aufgehalten ... Jede Begeisterung ist abgedämpft ... die Zunge und die Wünsche sind schwer und träg und schleppend geworden ... Man ist nicht mehr keusch nüchtern, ein steter Dämmer webt um die gläsernen Augen«[60], so seine Beobachtung.

Trotz der heutigen Sensibilität hinsichtlich Alkohol und Kalorien besteht keinerlei Gefahr, dass das Braugewerbe in Bayern in absehbarer Zeit ausstirbt. Schließlich blickt man auf eine lange Tradition zurück, die schon so manchen Widrigkeiten getrotzt hat. Die älteste noch bestehende Brauerei der Welt etwa, gegründet angeblich 1040 von den Mönchen der oberbayerischen Benediktinerabtei Weihenstephan, überlebte nicht nur die Säkularisation, sondern auch den Untergang der Monarchie, und produziert noch heute. 2019 lag der Jahresausstoß bei stolzen 450.000 Hektolitern. Und der Export boomt. Dank exzellenter Vertriebswege wird der Gerstensaft aus weiß-blauen Landen selbst in Israel, in der Türkei und in den Vereinigten Emiraten geschätzt.

Außerdem dürfte man in Bayern allein deshalb am Bier festhalten, weil hier noch immer der Grundsatz gilt: *D' Masskriag san uns liaba wia d' Weltkriag* – womit wir bei einer weiteren Tugend der Einheimischen wären: dem Pazifismus. Johannes Aventinus berichtet zwar, das bayerische Volk trage gerne Wehr und Waffen, »schweinspieß und lange messer«. Und durch die Erzählungen der Alten geistert noch immer die Riesengestalt des Schmied Balthes von Kochel, eines kraftstrotzenden Haudegens, der als Zwillingsbruder von *Obelix* durchgehen könnte. Anno 1668, im Großen

Türkenkrieg, soll er ganz allein das Stadttor von Belgrad mit einem Wagenbaum aufgesprengt haben, um 1705, bei der Sendlinger Bauernschlacht, als 70-Jähriger, auf dieselbe Weise den Roten Turm an der Münchner Isarbrücke einzurennen. Dumm nur, dass die Figur der Sage zu entstammen scheint. Historisch lässt sich der Schmied von Kochel jedenfalls nicht nachweisen.

Das würde die Einschätzung von Johannes Aventinus stützen, wonach sich das bayerische Volk, bei aller Liebe zu nagelgespickten Prügeln und anderem rustikalem Kampfwerkzeug, doch mehr »auf den ackerpau und das viech« verlegt habe, »dan auf die krieg, denen es nit … nachläuft«[61].

König Ludwig I. widmete seiner Armee zwar an der Münchner Ludwigstraße, der damals bevorzugten Kulisse für Militärparaden, das Siegestor im Norden und die Feldherrnhalle im Süden. Tatsächlich aber bewies das weiß-blaue Heer »seine größten Fertigkeiten letztlich im Unterzeichnen von Kapitulationsurkunden«[62], wie es Franz Kotteder von der *Süddeutschen Zeitung* so hübsch formulierte.

So weit ließ es König Ludwig II., der Enkel Ludwigs I. gar nicht kommen. Er konnte das zu seiner Zeit »so viel gebrauchte Wort *schneidig*« überhaupt »nicht leiden«[63] und war noch keine 21 Jahre alt, als sich im Juni 1866 der preußisch-österreichische Bruderkrieg ankündigte, der in der Schlacht bei Königgrätz gipfeln sollte. Ludwig sollte als Verbündeter Österreichs Entscheidungen treffen. Davon aber wollte der Schöngeist nichts wissen. Mit seinem Flügeladjutanten Paul von Thurn und Taxis zog er sich auf die Roseninsel im Starnberger See zurück. »Dort wohnt er nun, und drei Tage hindurch haben ihn weder die Minister noch die Kabinettssekretäre sprechen können«[64], schäumte der österreichische Gesandte, während der König und sein Gefährte, »als Barbarossa und Lohengrin kostümiert, in einem dunkeln Saale bei künstlichem Mondschein«[65] weiter von anderen Welten träumten.

Ottheinrich, Enkel des Landshuter Hochzeitspaares und Fürst zu Neuburg an der Donau, war da schon aus anderem Holz geschnitzt.

Als der türkische Sultan Süleyman der Prächtige im Oktober 1532 wieder einmal das Abendland bedrohte, rüstete sich Ottheinrich für den Kampf gegen den Muselmanen – mit sechzig Mann, 51 Pferden und mehreren Trageseln. Das patriotische Unterfangen scheiterte jedoch jämmerlich. Schon am zweiten Tag ging das Floß, mit dem Ottheinrich den vor Wien stehenden Türken entgegenzuschippern gedachte, unter seiner enormen Leibesfülle zu Bruch. Der Wagen, den er hierauf bestieg, fiel hinter Kelheim auseinander. Jetzt konnte die Fahrt nur noch auf einem requirierten Mistkarren fortgesetzt werden. Doch bereits vor Passau kamen der neuburgischen Kriegstruppe Berittene entgegen, von denen sie sich sagen lassen mussten, sie könnten umkehren, weil der Krieg längst vorbei sei. Kein Wunder, dass deutliches Missfallen aus jenen Zeilen spricht, mit denen Ottheinrich von seinem Desaster erzählt: Er habe sich auf den Weg gemacht, um den »christenlichen glauben zu erhalten vor dem wüterich undt erbfeindt der christenheit, den türcken, wie wohl mirs leid ist worden«[66].

Eigentlich hätte schon damals klar sein können, dass mit dem bayerischen Volk kein Krieg zu führen, geschweige denn zu gewinnen ist. Das Bundesverteidigungsministerium brauchte für diese Einsicht länger. Erst 2001 wurde die *1. Gebirgsdivision – der* bayerische Großverband der Bundeswehr mit Stabssitz in Garmisch-Partenkirchen – aufgelöst. Heute gibt es nur noch eine *Gebirgsjägerbrigade.* Sie wird von Bad Reichenhall aus befehligt, unterhält das einzige *Einsatz- und Ausbildungszentrum für Tragtierwesen* der Bundeswehr und gilt wegen der fast sechzig diensttuenden Mulis und Haflinger ihrerseits als Sympathieträger. Dass das musikalische Erkennungszeichen der *Gebirgsjägerbrigade* der eher gemütliche *König Ludwig II.-Marsch* aus der Feder des königlich bayerischen Stabstrompeters Georg Seifert ist, kommt auch bei den Standkonzerten für die Kurgäste gut an.

Dass die Bayern pazifistisch sind und einen weichen Kern haben, heißt jedoch nicht, dass sie einer Rauferei aus dem Weg gehen.

So lautet ein bekanntes *Schnadahüpfl*, das da und dort auch *Gstanzl* genannt wird und so viel wie *Spottgesang* bedeutet: *Wennst amal raffa magst, brauchst es nur sagn. Ziag i mein Janker aus, nimm di beim Kragn.*

Allerdings steckt hinter der latenten Rauflust keinerlei Brutalität, sondern lediglich überschüssige Kraft. Um sie auf gesellschaftlich legitimierte Weise abzubauen, sprang der bayerische Herzog Christoph der Starke bei einem Ritterturnier im Jahr 1490 angeblich »zwelf schuech« (rund dreieinhalb Meter) hoch und warf einen »dreyhundert Vier vnd sechzig Pfunt«[67] schweren Stein mehr als sechs Meter weit. Überboten wurde der muskelstrotzende Wittelsbacher nur noch vom Steyrer Hans. Der legendäre Metzger und Wiesnwirt, geboren 1849 im heutigen Münchner Stadtteil Allach, stemmte halbe Ochsen, zerriss Hufeisen und jonglierte mit Kanonenkugeln. Eines Tages soll er sogar den Wagen einer Pferdetrambahn samt Fahrgästen aus den Gleisen gehoben haben. Er trat als Kraftmensch im Zirkus auf und ging als *der bayerische Herkules* in die Geschichte ein.

Für Burschen mit austrainiertem Bizeps gibt es in Bayern noch heute den Brauch des Maibaumaufstellens. Auf das kraftmeierische Spektakel folgt üblicherweise ein ausgelassener Tanz um den mit Girlanden und ausgeblasenen Eiern geschmückten Stamm. Das Ganze ähnelt Fruchtbarkeitsriten, die man auch aus Afrika, Indien und Mexiko kennt. Symbolisiert der Maibaum womöglich sogar einen Phallus? Jedenfalls war es schon im vorchristlichen Altertum gang und gäbe, öffentliche Plätze mit haushohen Skulpturen zu schmücken, die an einen erigierten Penis erinnerten. Damit wollte man offenbar die geballte Manneskraft des Gemeinwesens unterstreichen und neben Dämonen auch andere verderbliche Einflüsse abwehren.

Tatsächlich besteht eine unbestreitbare Korrelation zwischen der antiken Demonstration viriler Potenz und der typischen, auf Einschüchterung des Gegenübers setzenden Selbstüberschätzung im Sinne eines trotzigen *Mia san mia!* Den hiesigen Behörden war das Maibaumaufstellen vermutlich schon aus diesem Grund suspekt. Die oberpfälzische Polizeiordnung von 1657, die nach einem bösen Kommentar von Johann Andreas Schmeller »überhaupt jede Art freudigen Lebensgenusses verpönt«[68], zählt das »Mayen stecken« gar zu den »sträfliche Laster«. Denn es leiste – wie »Mummereyen, schändlich Lieder singen ...vnd was dises vnflätigen/Vnchristlichen dings mehr ist« – dem »leichtfertigen Wesen und Wandel« Vorschub und solle deshalb »gäntzlich abgeschafft« und »verbotten«[69] werden. Allein – die Obrigkeit konnte sich nicht durchsetzen. Deshalb spucken die Burschen noch heute am ersten Mai in die Hände: Landauf, landab wird die Tradition des Maibaumaufstellens hochgehalten, weswegen den Kundgebungen zum *Internationalen Kampftag der Arbeiterklasse* in Bayern regelmäßig das Publikum fehlt.

Warum man in Bayern nicht mehr auf die Preußen schießen darf

Bayern ist unvergleichlich. Denn innerhalb der weiß-blauen Grenzen gibt es alles, was das Herz begehrt. Bischof Arbeo von Freising schwärmte schon im achten Jahrhundert, das Land sei »lieblich anzusehen, reich an Hainen, wohlversehen mit Wein«. Es besitze »Eisen in Fülle und Gold, Silber und Purpur im Überfluß.« Der schriftstellernde Oberhirte freute sich über die klaren Bäche, Flüsse und Seen mit ihrem großen Fischbestand, rühmte das fruchtbare Hügelland mit seinen saftigen Viehweiden, pries die Bergwälder mit ihrem Reichtum an Wild – und die starken, hochgewachsenen Männer, die ihre Gemeinwesen »auf Nächstenliebe und Sitte gegründet«[70] hätten.

Nächstenliebe und Sitte geraten in der weiß-blauen Hemisphäre zwar manchmal ins Hintertreffen – beispielsweise auf dem Oktoberfest, wenn sich angeheiterte Besucher aus aller Welt vor lauter Gemütlichkeit gegenseitig die Schädel einschlagen. Dennoch gelten die Zustände im Land vor den Bergen als paradiesisch. Wo sonst in Europa kann man auf eine über tausend Jahre alte staatliche Identität zurückblicken, die alle Stürme der Zeit überstanden hat? Wo sonst ist jedes zweite Schaufenster mit dem Konterfei des wohlondulierten *Märchenkönigs* dekoriert? Und wo sonst gibt es einen *Verein gegen betrügerisches Einschenken*, der in Gasthäusern, Biergärten und Festzelten die Füllmenge in den Masskrügen kontrolliert?

Dazu kommt der gefestigte Charakter der Einheimischen. Sie verabscheuen Hetze und Hektik, Ärger und Ehrgeiz, nehmen sich

selber und das Treiben der Welt nicht so wichtig. Sie sind phantasie-
begabt und humorvoll, lieben die Muße und die Musen. Vor allem
aber verstehen sie sich auf die Kunst, zu leben. Das beweisen schon
die einzigartigen kulinarischen Genüsse der bayerischen Küche:
der *Leberkäse* – ein auf der Zunge zergehender Brotzeitklassiker aus
feingehacktem Rind- und Schweinefleisch, in Kastenform gebacken
und ohne ein einziges Gramm Leber oder Käse! Der *Obazde* – ein
pikanter *Mongtratzer* aus Camembert, Romadur, Butter, Zwiebeln,
süßem Paprika, Kümmel und einem Schuss Weißbier! Die *Auszogne*
– ein Schmalzgebäck aus Hefeteig mit goldbraunem Rand für die
Kaffeetafel an hohen Feiertagen wie Kirchweih!

Die Erkenntnis, als Angehöriger des bayerischen Volkes den
Garten Eden bewohnen zu dürfen, verdichtete sich im Lauf der Zeit
zu einem Sinnspruch, der unter anderem die Fassade des Vorwerks
von Schloss Esting bei Fürstenfeldbruck ziert: *Extra Bavariam nulla
vita, et si est vita, non est ita* – zu Deutsch: Außerhalb Bayerns gibt
es kein Leben, und falls doch, dann kein solches.

Wen wundert es da, dass die meisten Bundesbürger am liebsten südlich der Donau wohnen würden. Tatsächlich will der Strom
der *Zuagroasten* partout nicht abreißen. Mancherorts müssen sie
sich mit den Einheimischen allerdings erst zusammenraufen. Das
ist mühsam, wenn die Neubürger aus Norddeutschland stammen.
Denn all der Hohn, der einst aus dieser Ecke über Bayern ausgegos-
sen wurde, dürfte das Verhältnis noch lange trüben. So konstatiert
etwa Friedrich Nicolai, der Berliner Aufklärer, in seiner *Beschreibung einer Reise durch Deutschland und die Schweiz im Jahre 1781*,
der typische Bewohner der weiß-blauen Lande habe »ein finster
trotziges Wesen«[71] und »etwas sehr rohes im äußerlichen«. Außerdem sei er bei »seine[n] Vergnügungen sehr lärmend«[72]: »Wenn er
betrunken ist, so tobt er nicht wenig«[73]. »In Kenntnissen« sei der
gemeine Mann hingegen »höchsteingeschränkt (so wie in allen
katholischen Ländern)«[74]. Man finde also »viel runde Köpfe und

Bierwänste«, dazu jede Menge Aberglauben, allerdings keinerlei Bildung. Deshalb zeigten die meisten Bayern neben »stumpfe[r] Bigotterie ... unauslöschliche Züge von stierem und gedankenlosem Wesen«[75]. Dazu passe ihr gewöhnungsbedürftiger Speisezettel. Knödel würden von den Einheimischen »für besondere Leckerbissen gehalten«[76], seien für einen fremden Gaumen aber schlichtweg ungenießbar und trügen »nebst dem dicken Biere ... zur Dummheit und zu dem phlegmatischen Wesen des gemeinen Mannes in Baiern nicht wenig bey.«[77]

Freilich – Friedrich Nicolai war nicht unumstritten. Er litt an zeitweiligen Phantasmen, die er mit Blutegeln am Gesäß zu kurieren versuchte, und neigte zur Polemik. Nicht von ungefähr widmete ihm der große Philosoph Johann Gottlieb Fichte eine Schrift mit dem bezeichnenden Titel *Friedrich Nicolai's Leben und sonderbare Meinungen*. Fakt aber bleibt: Friedrich Nicolai prägte ein Bild, das über Generationen gültig blieb. Demzufolge verbarg sich hinter dem Weißwurstäquator eine exotische Welt, unbekannt und unerforscht wie der Kilimandscharo oder die kirgisische Steppe und bevölkert von Naturkindern, die so unzivilisierte Gebräuche wie das Eisstockschießen pflegten.

Mancherorts ist der Zorn über diese Form der Ehrabschneidung bis heute nicht verraucht: Zahlreiche Stammtische träumen sich noch immer ins Jahr 1866 zurück, als Bayern auf der Seite Österreichs gegen die aus Berlin befehligten Truppen ins Feld zog. Denn damals habe man noch ganz legal auf die Preußen schießen dürfen.

Fatalerweise aber brachten nicht nur die Preußen alle möglichen und unmöglichen Behauptungen über den weiß-blauen Kosmos und seine Bewohner in Umlauf. Auch der aus dem Fränkischen stammende Schriftsteller Oskar Panizza, der in jungen Jahren als Assistenzarzt an der Kreisirrenanstalt in München tätig war, skizzierte die (Ober-)Bayern, »dieses herkulische Geschlecht«, als eine grimme Horde bulliger Gesellen »aus Naken und Haar«, die stets

»das Meßer im Hosenschlitz«[78] trügen. Und der Schweizer Dichter Gottfried Keller rächte sich für seine enttäuschenden Erfahrungen als Kunststudent in der schon damals sündteuren bayerischen Hauptstadt mit der wenig freundlichen Einlassung, München sei »Ein liederliches, sittenloses Nest / Voll Fanatismus, Grobheit, Kälbertreiber, / Voll Heil'genbilder, Knödel, Radiweiber«[79].

Um die Schmach solcher Zerrbilder zu tilgen, würde es also nicht reichen, auf die Preußen zu schießen – zumal man die Falschen treffen könnte. So hieß es vom *Geheimen Regentschaftssecretär* Ferdinand von Stademann, der den bayerischen Prinzen Otto in dessen Amtsführung als König von Griechenland unterstützte, er sei »unter den Bajuvaren der höflichste« gewesen, »weil er ein Berliner war«[80]. Dem freilich widerspricht Theodor Fontane, der mit seinem fünfbändigen Werk *Wanderungen durch die Mark Brandenburg* berühmt geworden ist. Er zog die Natürlichkeit der Bayern dem Wesen seiner Landsleute vor – insbesondere dem der Berliner. Deren »Schärfe, Unverschämtheit und Lieblosigkeit« brächten »den Fremden um«[81], warnte er seinen Schriftstellerkollegen Theodor Storm.

Zu diesen unauflösbaren Widersprüchen kommt erschwerend hinzu, dass es heute gar keine Preußen mehr gibt. Schließlich hat der Alliierte Kontrollrat, die höchste Regierungsgewalt im besetzten Nachkriegsdeutschland, den Preußischen Staat am 25. Februar 1947 für erloschen erklärt, da dieser »seit jeher Träger des Militarismus und der Reaktion in Deutschland gewesen ist«[82]. Historiker halten diese Begründung für angreifbar. Sie illustriert jedoch treffend, was man in Bayern meint, wenn man *Preiß!* sagt (auszusprechen mit einem verächtlichen bis drohenden Unterton). So werden nämlich all jene bezeichnet, die vom unbedingten soldatischen Gehorsam über den Hurrapatriotismus bis zur Ablehnung von Demokratie und Moderne lauter Untugenden verteidigen, die kein vernünftiger Mensch, erst recht kein Bayer, für erstrebenswert hält. Insofern hat Franz Hugo Mösslang völlig recht, wenn er anklingen lässt, der gern geschmähte *Preiß* könne genauso gut aus dem Westfälischen, aus Hessen oder aus China kommen. Denn der Begriff bezeichne nicht den Angehörigen eines bestimmten Volksstammes, sondern – unabhängig von Herkunft und Hautfarbe – jenen Typ, der »von der Macht und vom Erfolg korrumpiert« ist, »laut, überheblich, unduldsam, vif, fix und wendig« und »immer oben«[83]. Genau genommen subsumieren die Bayern unter der Pluralform *Preißn* also ein ganzes Pandämonium absonderlicher Charaktere. Dazu gehören notorische Weltverbesserer, Verschwörungstheoretiker, Untergangspropheten, Exegeten der Sparsamkeit, der Selbstdisziplin und der Selbstüberwindung, aber auch die *Gscheidhaferl* und *Gschaftlhuber*, die im Dauerzustand maßloser Selbstüberschätzung an der irrtümlichen Überzeugung festhalten, die Erde würde ohne ihr Zutun augenblicklich stillstehen.

Warum syrische Bogenschützen das römische Bayern bewachten

Unter den Aufklärern, insbesondere unter jenen norddeutscher Provenienz, gab es viele Klagen über Bayern. So notierte Friedrich Nicolai, »daß die Mißbräuche dort unzählbar sind; daß Aberglauben, Müßiggang, Völlerey unter dem Volke in großem Maaße gefunden werden; daß Industrie, Landeskultur und nützliche Künste in gleichem Verhältnisse fehlen«[84]. Schuld daran war – seiner Meinung nach – die »Klerisey«[85], die im damaligen Bayern das Bildungsmonopol besaß und manche Erkenntnis zu unterdrücken suchte, die ihrem Weltbild nicht entsprach. »Der Professor der Medizin an der Universität Ingolstadt Freyling, wagte es 1719 zum erstenmal, das Kopernikanische Sonnensystem als das einzig richtige anzuerkennen. Die theologische Fakultät protestierte heftig dagegen«[86], überliefert Eduard Stemplinger. Auch die 1759 von Kurfürst Max III. Joseph gegründete *Bayerische Akademie der Wissenschaften*, zu deren Mitgliedern unter anderem Johann Wolfgang von Goethe, die Gebrüder Grimm sowie Alexander und Wilhelm von Humboldt zählten, zog den Zorn der katholischen Geistlichkeit auf sich. Die akademieeigene Druckerei wurde als »Werkstätte des höllischen Feindes«[87] verteufelt und von aufgebrachten Münchner Bürgern gestürmt.

Am Ende aber scheiterte die Kirche mit ihrem Unterfangen, »die weitere Aufklärung mit allen Kräften [zu] hindern«[88].

Leicht hatte es der Fortschritt in Bayern trotzdem nicht. Denn zu Abstraktion, Analyse und kühler Berechnung ist der Bayer kaum in der Lage.«»Er kümmert sich den Teufel nicht um die Fortschritte in Kunst und Wissenschaft«, wetterte Friedrich Wilhelm von Thiersch, der als *Vater der humanistischen Bildung* in Bayern eine ähnliche Rolle spielte wie Wilhelm von Humboldt in Preußen. »Die Baiern sind für Künste und Wissenschaften nicht geschaffen«.[89]

Tatsächlich tummeln sich unter den bayerischen Erfindern viele, die das Licht der Welt nicht in Bayern erblickt haben. Die weiß-blaue Wissenschaftsgeschichte möchte sie aber keinesfalls missen. Schließlich haben sie maßgeblich zum Ruhm dieses Landes beigetragen. Der im thüringischen Querfurt geborene Theologe Jacob Christian Schäfer, ab 1779 Pastor der Neupfarrkirche in Regensburg, konstruierte die erste Waschmaschine. Der Chemiker Justus von Liebig, Sohn eines Darmstädter Drogisten, erfand den Brühwürfel. Und Wilhelm Conrad Röntgen, geboren im heutigen Remscheid, hatte gerade eine Professur in München übernommen, als er für die Entdeckung der nach ihm benannten Strahlen den Nobelpreis für Physik erhielt. Albert Einstein, geboren in Ulm, war Bayern zwar schon wieder abhandengekommen, als er mit seinen bahnbrechenden Forschungen zu Materie, Raum und Zeit Furore machte. Immerhin aber hatte er im Münchner Schlachthofviertel Kindheit und Jugend verbracht. Er sollte die *Electro-technische Fabrik* seines Onkels Jakob und seines Vaters Hermann in der Adlzreiterstraße übernehmen – einen innovativen High-Tech-Betrieb, der mit seiner *Einstein'schen Dynamomaschine* und selbst entwickelten Bogenlampen dafür sorgte, dass Bierbrauereien, Cafés, Gastwirtschaften, das Krankenhaus rechts der Isar, das Oktoberfest und die Straßen der damals noch selbstständigen Stadt Schwabing erstmals elektrisch beleuchtet wurden. Die Dinge liefen dann aber anders. Die Konkurrenz brach dem Familienunternehmen das Genick, die Familie ging nach Mailand – und der junge Albert Einstein, der zunächst allein in München zurückgeblieben war, um das Abitur zu machen, brach die Schule dann doch ab und folgte den Eltern schließlich nach Italien.

Auch wenn namhafte bayerische Wissenschafts- und Technik-pioniere ursprünglich anderswoher stammten: Die Einheimischen sind – entgegen aller Annahmen und Zuschreibungen – keineswegs *auf der Brennsuppn dahergschwumma*, wie man ein optimierungs-würdiges Talent dialektal bezeichnet. Denn während Franken und Schwaben lediglich den *Einarmigen Banditen* und den selbstanzu-treibenden Rollstuhl erfunden haben, was höchstens in entlegenen Fußnoten Erwähnung findet, füllen die Beschreibungen der schöp-ferischen Kreativität gebürtiger Altbayern ganze Bibliotheken. Der aus dem Altmühltal stammende Tüftler Joseph Gallmayr beispiels-weise ersann Schuhe mit einem Glockenspiel im Absatz, eine »von Wachs pousierte« und des Orgelspiels mächtige Gliederpuppe in Gestalt der heiligen Cäcilia, sowie – für den Erzbischof von Köln – einen mechanischen Tabernakel mit beweglichen Figuren. Der Lehnstuhl, den er für den bayerischen Kurfürsten konstruierte, ließ beim Draufsetzen »ein Stückgen hören … als wenn drey die Flau-to-Travers bliesen«. Und sein Automatenmops bellte nicht nur »wie ein lebender Hund«. Er konnte auch Wasser lassen und gab, wenn ihn »die Hauptnothdurft« angriff, »drockne weiße Pölleln von Stop-selholz« von sich, die man »zusamklauben« und dem Hund wieder »eingeben«[90] musste, auf dass dieses mechanische Kunststück bei der nächsten Vorführung erneut gelang. Der Wunsch, mit einem Flugapparat vom Turm der Münchner Frauenkirche abzuheben, blieb Joseph Gallmayr allerdings versagt. Der Kurfürst meinte, da solle er erst einmal hinauffliegen.

Berühmter sind heute freilich andere. Der gelernte Spiegelschlei-fer Joseph von Fraunhofer, geboren in Straubing, revolutionierte das Fernrohr und gab der *Fraunhofer-Gesellschaft*, der heute führen-den Forschungsorganisation Europas, seinen Namen. Franz Xaver Gabelsberger, Sohn eines Münchner Hofblasinstrumentenmachers, begründete mit seiner *Geschwindschrift*, die ihm bei der »Aufnahme von Dictaten Erleichterung … schaffen«[91] sollte, die Stenographie.

Und der Chemiker Max von Pettenkofer, geboren als fünftes von acht Kindern auf einem Einödhof im Altbayerischen Donaumoos, entwickelte nicht nur die Amalgam-Zahnfüllung. Als Leiter der Münchner Hofapotheke untersuchte er auch die Verbreitung der Cholera in Indien, zog daraus Schlüsse, die der bayerischen Haupt- und Residenzstadt die damals modernste Trinkwasserversorgung Europas bescherte, und schuf für sich selber – tatkräftig unterstützt von König Ludwig II. – den ersten deutschen Lehrstuhl für Hygiene.

Sicherlich – auch in Bayern wurde das Neue gelegentlich von Skepsis begleitet. Als Kurfürst Karl Theodor die Errichtung von Blitzableitern propagierte und einen solchen am Turm der Wallfahrtskirche Maria Hilf in Amberg anbringen lassen wollte, fürchtete der Stadtrat, die Muttergottes könnte die feuerpolizeiliche Prophylaxe als Beleidigung ihrer himmlischen Majestät empfinden. Inzwischen aber gilt auch in der Oberpfalz: Der Fortschritt spricht bayerisch. Und zu jeder Lederhose – das diagnostizierte schon der aus der niederbayerischen Bezirkshauptstadt Landshut stammende Bundespräsident Roman Herzog – gehört ein Laptop. Das Ergebnis kann sich sehen lassen. Dank Global Players wie *BMW*, *Infineon* oder *Siemens* werden in Bayern so viele Patente angemeldet wie nirgendwo sonst in Deutschland – ausgenommen Baden-Württemberg. Außerdem beherbergt Bayern die größte naturwissenschaftlich-technische Sammlung der Welt. Anhand von über 100.000 Objekten, darunter Highlights wie der *Patent-Motorwagen Nr. 1* von Carl Benz, der erste programmgesteuerte Computer und der erste *Fischer*-Dübel, ermöglicht das *Deutsche Museum* auf der Münchner Kohleninsel seinen Besuchern und den Nutzern seiner Online-Angebote, in über fünfzig Themenbereiche von der Astrophysik bis zur Zellbiologie einzutauchen.

Als ungenannter Schirmherr aller einheimischen und zugereisten Tüftler gilt König Ludwig II. Seit er im Jahr 1867 die Weltausstellung auf dem Pariser Champ de Mars besucht hatte, war ihm klar, dass er dank des technischen Fortschritts seine illusionistische Traumwelt immer raffinierter würde inszenieren können. So kam es, dass er sich bis zum Ende seiner Tage mit Fragen der modernen Eisenkonstruktion, mit den vielfältigen Anwendungen der Elektrizität und mit den ersten Versuchen lenkbaren Fluges beschäftigte. Er ließ sich ein eigenes Fotolabor einrichten, benutzte eines der ersten Telefone Bayerns und gründete in München eine polytechnische Schule, die heute zu den führenden technischen Universitäten Europas zählt. Noch immer ziert das Konterfei des *Märchenkönigs* die Amtskette des jeweiligen Rektors.

Auf den Baustellen seiner Schlösser setzte Ludwig II. fauchende Lokomobile ein. Und um den Wohnkomfort zu erhöhen, gab er Warmluftheizungen in Auftrag, bei denen man sogar die Luftfeuchtigkeit regeln konnte. Um die Zaubernacht in seiner künstlichen Grotte in Linderhof zu erhellen, ließ er im Schlosspark mit dem *Krafthaus* eines der ersten Elektrizitätswerke Bayerns errichten. Von *Siemens* entwickelte Dynamos lieferten den Strom für einen *Regenbogen-Projections-Apparat* – und für 24 Kohlebogenlampen, die dank farbiger Gläser drei unterschiedliche Lichtstimmungen erlaubten: Rot, um die Venusgrotte in den Hörselbergen bei Eisenach zu imaginieren, Blau, um die Blaue Grotte von Capri vor Augen zu rufen, und Gelb, um ein *Indisches Alpenglühen* vorzugaukeln. Stand dem *Märchenkönig* in schneereichen Winternächten der Sinn nach einer Ausfahrt, bestieg er seinen goldstrotzenden Gala-Schlitten, der das erste elektrisch beleuchtete Fahrzeug der Welt gewesen sein dürfte. Die Batterie befand sich unter dem Sitz. Die Lampe, eine Glühbirne, steckte in einer Krone, die von geschnitzten Putten in die Höhe gehalten wurde. Kein Wunder, dass die Landbevölkerung Ludwig II. für einen *Märchenkönig* hielt, wenn er wie eine übersinnliche Erscheinung, von gleißendem künstlichen Licht umspielt, unvermittelt aus der Finsternis auftauchte, um gleich wieder in den Tiefen der Nacht zu verschwinden.

Die Frage ist, woher Ludwig II. seinen Hang zum Phantastischen hatte. Schließlich galt sein Vater, Max II., trotz seiner Vorliebe für Sagen und Legenden, als eher spröder Charakter. Aber war Max II., der wegen einer nur knapp überstandenen Syphilis zeugungsunfähig geworden sein soll, überhaupt sein leiblicher Vater? Oder stimmen die Gerüchte, dass der *Märchenkönig* das Licht der Welt in Wirklichkeit als »Bastard niederer Herkunft«[92] erblickt hatte? Als potenzielle Erzeuger Ludwigs II. werden zwei Herren aus dem damaligen Umfeld der Wittelsbacher genannt: Ludwig Samson Arthur Freiherr von der Tann, der zeitweilige Adjutant Max' II., und Giuseppe Tambosi, Hofkellermeister und Begründer einer Münchner Kaffeehausdynastie. Sollte sich einer der beiden tatsächlich als der leibliche Vater des *Märchenkönigs* herausstellen, wäre nicht nur der Ruf der weiß-blauen Monarchie dahin. Man müsste sich auch fragen, ob Ludwig II. unter diesen Umständen als Bayer bezeichnet werden kann. Denn der brave Freiherr von der Tann stammte aus Darmstadt, Giuseppe Tambosi aus Riva am Gardasee – und Max' Gattin Marie, deren Mutterschaft nie in Zweifel gezogen wurde, aus Berlin. Ludwig II. – ein Spross von *Zuagroasten*?

Selbst wenn – an seiner Popularität würde sich nichts ändern. Schließlich konstatierte schon Karl Valentin: »Fremd ist der Fremde nur in der Fremde.«[93] In weiß-blauen Landen aber bleiben die Fremden nicht lange fremd. Die Bayern sind nämlich Meister der Integration. Otto von Habsburg, Sohn des letzten Kaisers von Österreich, saß als Abgeordneter der *CSU* im Europäischen Parlament. Otfried Preußler, geboren in Reichenberg, dem heute tschechischen Liberec, schrieb seine Bestseller – darunter *Die kleine Hexe* und *Der Räuber Hotzenplotz* – als bayerischer Volksschullehrer und Rektor in Rosenheim. Und Anne-Sophie Mutter, weltweit geschätzte Geigenvirtuosin aus dem Badischen, übt für ihre Auftritte in ihrer Villa im Münchner Nobelviertel Bogenhausen. Die Bajuwarisierung von *Zuagroasten* kann auch *post mortem* erfolgen. Das zeigt sich sehr schön an der polyglotten Vielfalt des weiß-blauen Heiligenhimmels. Die Muttergottes, als *Patrona Bavariae* verehrt, war eine Hausfrau aus Galiläa, und Leonhard, der dem Vieh zugeneigte *altbayerische Bauernherrgott*, ein adeliger Wundertäter aus dem Limousin im Herzen Frankreichs. Der Passauer Bistumsheilige Valentin, der auch bei Gicht und epileptischen Anfällen angerufen wird, weil sein Name, bayerisch ausgesprochen, so ähnlich klingt wie *Fall ned hin!*, stammte laut einer frühen Lebensbeschreibung vom »Ozean«[94], möglicherweise aus den Niederlanden. Und der heilige Benno konnte Stadtpatron von München werden, obwohl er »in Bayer-Land ... bey Lebs-Zeiten niehmalen darein kommen.«[95] Bei ihm handelt es sich um einen gebürtigen Sachsen, der als Bischof von Meißen starb und erst 470 Jahre nach seinem Tod, längst skelettiert und sorgsam verpackt, an der Isar anlangte.

Überhaupt muss man fragen, was aus Bayern ohne seine *Zuagroasten* geworden wäre. Sie haben das Land maßgeblich mitgestaltet und zuweilen für eine exotische Note gesorgt. So scheinen die ranghöchsten *bayerischen* Priester in grauer Vorzeit Kopfbedeckungen aus papierdünnem, reich ornamentiertem Goldblech getragen zu haben, von denen ein Exemplar nordwestlich von Neumarkt in der Oberpfalz entdeckt wurde. Der *Goldene Hut von Ezelsdorf* bringt es mit seinem langen, schmalen Schaft auf fast neunzig Zentimeter Höhe und dürfte mit Einwanderern ins heutige Bayern gekommen sein, die wohl auch einen Sonnenkult mitbrachten, wie wir ihn von den Pharaonen kennen. Als Vorbilder des *Goldenen Huts von Ezelsdorf* gelten kegelförmige Götterkronen, die im östlichen Mittelmeerraum von der Türkei bis nach Ägypten verbreitet waren.

Im zweiten Jahrhundert war in Straubing eine Kohorte mit tausend syrischen Bogenschützen stationiert, die man in Canatha, einer antiken Stadt in der römischen Provinz Palaestina, rund hundert Kilometer südöstlich von Damaskus, ausgehoben hatte. Die

Spezialeinheit sicherte zum einen den römischen Kriegshafen von Sorviodurum, wie Straubing damals hieß, zum anderen die Donau, die hier als *nasser Limes* die nördliche Grenze des Imperium Romanum bildete – und zum dritten bewachte sie einen alten Fernhandelsweg, der in der Nähe den Fluss überquerte und in nördlicher Richtung auf den Böhmerwald zulief.

So wie Legionäre mit *bayerischen* Wurzeln in späterer Zeit als Hilfstruppen der Römer gegen die persischen Sassaniden zogen und – sofern sie die Scharmützel überlebten – im heutigen Armenien, im Irak, im Iran und in Syrien als Kriegsgefangene, Sklaven oder Veteranen hängenblieben und Kinder zeugten, dürften umgekehrt viele der syrischen Bogenschützen nach dem Ende ihrer Dienstzeit in Bayern sesshaft geworden sein und den Genpool der damaligen Bevölkerung aufgefrischt haben.

Im Sport ist es nicht anders. Seinen Ruf als einer der erfolgreichsten Fußballvereine der Welt verdankt der *FC Bayern* ja nicht nur weiß-blauen Landeskindern wie Franz Beckenbauer, Philipp Lahm, Sepp Maier, Thomas Müller oder Bastian Schweinsteiger. Ohne den gebürtigen Ulmer Uli Hoeneß und ohne Karl-Heinz Rummenigge, der im nordrhein-westfälischen Lippstadt das Licht der Welt erblickte, wäre der Verein, dem noch 1963 die Aufnahme in die Bundesliga verwehrt wurde, nie so weit gekommen. Außerdem zählen zu den Gesichtern, die den *FC Bayern* geprägt haben, heute auch ehemalige Spitzenspieler wie Mehmet Scholl, der als Sohn eines türkischen Vaters ursprünglich den Nachnamen Yüksel trug, oder Giovane Élber, ein gebürtiger Brasilianer, zu dessen Vorfahren eine Urgroßmutter zählt, die aus Polen stammte.

Die römisch-katholische Kirche, die sich als Weltkirche versteht und ihre Bezeichnung vom griechischen *katholikós* ableitet – was so viel wie *das Ganze umfassend* meint –, setzt ebenfalls auf Internationalität. *Gastarbeiter Gottes*, die aus Indien, aus dem Kongo, aus Polen oder Nigeria kommen, sorgen heute als Priester selbst in den hintersten Gebirgstälern dafür, dass Eucharistie gefeiert und Sakramente gespendet werden.

Die Kulturgeschichte wäre ohne die *Zuagroasten* erst recht ärmer. Der Flame Orlando di Lasso, neben Palestrina der bedeutendste Tonkünstler seiner Zeit, führte die Hofkapelle der bayerischen Herzöge zur musikalischen Weltspitze. Kurfürstin Henriette Adelaide, geboren in Turin, der heutigen Hauptstadt der italienischen Region Piemont, verwandelte Bayern in *das* Land des Barock. Und François de Cuvilliés, der aus dem belgischen Hennegau stammte und als Hofzwerg in die Dienste des bayerischen Kurfürsten trat, wurde mit seinen Bauaufträgen für die Wittelsbacher zum Großmeister des europäischen Rokoko.

All diese Herrschaften sind heute längst weiß-blau vereinnahmt – selbst Sir Benjamin Thompson, besser bekannt unter seinem 1790 erworbenen Titel eines Reichsgrafen von Rumford. Der aus Massachusetts stammende Sozialreformer und Gesundheitspolitiker stieg zum engsten Berater des bayerischen Kurfürsten auf, entwickelte eine wärmespeichernde Unterwäsche für das frierende weiß-blaue Heer und führte die Kartoffel in die bayerische Küche ein. Außerdem erfand er zur Versorgung der Ärmsten die legendäre *Rumfordsuppe*, in die nach bösen Zungen alles hineingehört, was *rum*liegt und *fort* muss. Bisweilen stieß der quirlige Amerikaner allerdings auf Unverständnis. Als er den Einheimischen Bewegung an der frischen Luft verordnete und den *Englischen Garten* in München anlegen ließ, machte sich Unmut breit. Dem biederen Bürger erschien ein Spaziergang in Gottes freier Natur reichlich exzentrisch – und nach Richard Bauer, dem einstigen Münchner Stadtarchivar, als »unziemliche, nur auf Vermehrung des öffentlichen Müßiggangs angelegte Neuerung«[96]. Dafür wurde der *Rumfordherd*, der nur halb so viel Brennstoff verbrauchte wie eine herkömmliche Kochstelle, bald im ganzen Land hochgeschätzt.

Die Liste von *Zuagroasten*, die in der neuen Heimat eine nachhaltige Wirkung entfaltet haben, lässt sich mühelos fortsetzen.

Werkleute aus dem Friaul, die wahrscheinlich schon in den Tagen Friedrich Barbarossas über die Alpen zogen, machten das Ziegelbrennen in Bayern wieder bekannt und ermöglichten dank ihrer Materialkenntnis den Bau stadtbildprägender Gotteshäuser wie des Martinsmünsters in Landshut, der Basilika St. Jakob in Straubing oder der Frauenkirche in München.

Franz Anton Bustelli aus der italienischen Schweiz begründete den weltweiten Ruf der *Nymphenburger Porzellanmanufaktur.* Der geniale Modelleur schuf in höchster Vollendung exotisch gewandete Chinesen, Mohren, eine bayerische Schwammerlverkäuferin und eine 16-köpfige Gruppe mit Charakteren der *Commedia dell' Arte,* die die kurfürstliche Tafel schmückte. Auch wenn er nach seinem Tod erst einmal vergessen war und lang mit einem Kaminkehrer gleichen Namens verwechselt wurde: Mit seinem Witz, seinem Esprit und seinem Sinn für Eleganz gehörte der *Figurist* Franz Anton Bustelli zu den besten seines Fachs.

Gelegentlich tauchten auch Herrschaften in Bayern auf, deren Familiennamen auf historische Persönlichkeiten aus ganz anderen Ländern verwiesen.

An einem trüben Novembertag des Jahres 1777 etwa wurde ein »Monsieur Maximilian Obisbir, gewester Sprachmeister«[97] auf dem Friedhof der Münchner Salvatorkirche zur letzten Ruhe gebettet. Er war der Vater von Maximilien Robespierre, dessen Schreckensherrschaft in den Tagen der Französischen Revolution Zehntausende von Menschen zum Opfer fallen sollten. Warum der Vater die Familie verlassen und in die kurfürstlich-bayerische Haupt- und Residenzstadt gezogen war, ist unbekannt.

Ildephons Kennedy, ein gebürtiger Schotte, dürfte deshalb schon als junger Mann nach Bayern gekommen sein, weil er als Katholik in seiner Heimat nicht studieren durfte. Er trat ins Regensburger Schottenkloster St. Jakob ein, wurde ein bedeutender Naturforscher und gehörte zu den Mitbegründern der *Bayerischen*

Akademie der Wissenschaften. Sein verwandtschaftliches Verhältnis zu John F. Kennedy bleibt unklar.

Dafür weiß man, dass der gebürtige Holländer Jakob von Washington – Stammvater der bayerischen Freiherren von Washington, Generalleutnant der bayerischen Armee und Generaladjutant König Ludwigs I. – ein (zugegebenermaßen ziemlich entfernter) Vetter des ersten US-Präsidenten war.

Mit den *Nordlichtern* – herausragenden Literaten und Wissenschaftlern, die König Max II. , der Sohn Ludwigs I., überwiegend aus Preußen nach Bayern berufen hatte – zog zum Entsetzen konservativer Kreise ein ungewohnt liberaler Geist in weiß-blauen Landen ein. Die Herren, die sich einmal pro Woche zu einem *Symposion* in der Residenz einzufinden hatten, um den Vater des *Märchenkönigs* zu beraten, sorgten dafür, dass das Königreich Bayern – das hinsichtlich seiner Einwohnerzahl, seiner militärischen Schlagkraft und seines Wirtschaftslebens hinter anderen deutschen Ländern zurückstand – auf den Feldern der Kultur und der Wissenschaft die Speerspitze der damaligen Moderne bildete.

Mit der Textilverarbeitung vertraute Exiljuden aus Galizien, Russland und Ungarn, die vor Pogromen, wirtschaftlicher Not oder dem Terror der Bolschewiken geflohen waren, bauten sich in den Hinterhöfen des Münchner Gärtnerplatzviertels eine neue Existenz auf. In ihren Händen lag zu Beginn des 20. Jahrhunderts ein Großteil der bayerischen Lederhosenproduktion.

Und dann gab es da noch, schon viel früher, Filippo Balatri, einen Kastraten aus Pisa. Hinter ihm lag eine Weltkarriere. Er stand in Diensten der Medici, hatte in Moskau Zar Peter den Großen, in Versailles König Ludwig XIV. und – wohl in Astrachan an der Mündung der Wolga ins Kaspische Meer – den Khan der Tataren kennengelernt. In einer Londoner Kutsche fand er sich eines Tages – laut eigener Angaben – einem zweiten Fahrgast mit dem Namen *Giorgio Endel* gegenüber. Es handelte sich aller Wahrscheinlichkeit nach um Georg Friedrich Händel. Mit seiner legendären *Nachtigallenarie* eroberte Filippo Balatri die Salons des europäischen Hochadels im Sturm. Am Ende strandete er in Bayern. Er hielt die Bewohner der weiß-blauen Gefilde zwar für »schwerfällig«, »hartleibig«[98] und leider auch nicht für die Hellsten. Außerdem glaubte er festgestellt zu haben, dass die Völlerei im Dunstkreis von München zu den häufigsten Todesursachen gehöre, und dass die Bayern »ihr Leben nach zwei Weisheiten [regeln]: *Das ist nicht der Prauch*, wenn sie etwas nicht kennen und nicht kennen lernen wollen, und *Das ist alt Prauch*, wenn sie an irgendeiner noch so unsinnigen Tradition festhalten«[99].

Doch er blieb. Denn er liebte das süffige Bier. Als *Diskantist erster Klasse* war er der bestbezahlte Sänger am Hof des Münchner Kurfürsten, bevor er als weltläufiger Gesellschafter des Fürstbischofs von Freising auf den dortigen Domberg zog – und schließlich, mit 59, als Novize ins Zisterzienserkloster Fürstenfeld eintrat, um dort die Kirchenmusik und das geistliche Schauspiel auf ungeahnte Höhen zu bringen. Zuletzt sollen zwar nur noch »die Ruinen seiner einstmals allgemein bewunderten Stimme«[100] zu hören gewesen sein. Trotzdem zählt dieser Weltenbummler ohne Zweifel zu den außergewöhnlichsten Persönlichkeiten, die als Migranten in Bayern heimisch geworden sind.

Den größten Bevölkerungszuwachs erlebte Bayern im Gefolge des Zweiten Weltkriegs. In keinem anderen Land der späteren Bundesrepublik wurden nach der Kapitulation vom 8. Mai 1945 so viele *Displaced Persons*, Flüchtlinge, Heimatvertriebene und Luftkriegsevakuierte sesshaft. Mit den Spätaussiedlern, den Gastarbeitern, den Migranten und den Flüchtlingen von heute setzt sich der Wandel der Bevölkerungsstruktur fort.

Im Juli 2020 verzeichnete München, dessen Bewohner aus 190 Nationen kommen, mit 27,6 Prozent deutschlandweit einen der höchsten Ausländeranteile. Weitere 15,5 Prozent hatten einen Migrationshintergrund.

»Wo ich lebe, ist früher Bayern gewesen. Jetzt herrscht hier die Welt«[101], lässt Herbert Achternbusch, der vor langer Zeit einmal zur »Avantgarde der jungen deutschen Literatur«[102] zählte, eine seiner Figuren lamentieren. In Wirklichkeit war die Welt schon immer in Bayern zuhause. Erschwerend kommt hinzu: Selbst hinsichtlich der Einheimischen, deren Vorfahren seit Jahrhunderten in Bayern leben, stellt sich die Frage, ob sie im strengen Sinne überhaupt Einheimische sein können. Aus Bayern stammen die Bayern jedenfalls nicht. Über ihre Herkunft wurde in der Vergangenheit munter spekuliert. Man war sich zwar einigermaßen sicher, sie kämen aus *Baia*, konnte sich aber nicht entscheiden, wo man dieses sagenhafte Land verorten sollte. Im Raum des späteren Böhmen? An der Nordsee? In den Karpaten? Oder am Schwarzen Meer? Eine weitere Alternative brachte die Vita des 1075 gestorbenen Erzbischofs Anno von Köln ins Spiel. Ihr zufolge sind die Bayern aus Armenien eingewandert, wo bekanntlich die Arche Noah auf Grund gelaufen sein soll. Dass man sie eine Zeit lang für die einzigen Überlebenden der Sintflut hielt, schmeichelte den weiß-blauen Landeskindern, ebenso die Annahme, Norix – der die alten Bayern damals gemeinsam mit Bavarus angeführt habe – sei ein Sohn des Herkules gewesen.

Als weiteres mögliches Herkunftsland der Bayern könnte Algerien in den Fokus geraten. In der Ruinenstadt Tipasa, die zur Römerzeit ein Stützpunkt der mauretanischen Flotte war und vermutlich um 500 aufgegeben wurde, hat sich eine frühchristliche Nekropole mit Inschriften erhalten, unter denen der Frauenname *Bavaria* auftaucht. Dass das in irgendeinem Zusammenhang mit Bayern steht, ist aber unwahrscheinlich. »Der Name geht eher auf eine Bezeichnung für ein *Lätzchen* (lat. *bava, Speichel*) zurück«[103], so das *Historische Lexikon Bayerns*.

Der Münchner Rechtsanwalt und Schriftsteller Fritz Berthold ging noch einen Schritt weiter und beförderte die Vorstellung, die

Altbayern seien Abkömmlinge irakischer Bauchtänzerinnen, sudanesischer Kantinenwirte und syrischer Haarauszupfer. Diese Äußerungen wurden als unflätig empfunden. Tatsächlich aber sind sie gar nicht so falsch. Philipp Stockhammer, Professor für Prähistorische Archäologie an der *Ludwig-Maximilians-Universität* München, gab im Sommer 2020 bei einem Interview mit der *Süddeutschen Zeitung* zu Protokoll: »Wir Europäer sind das Ergebnis von Migration über Jahrtausende. Wir tragen alle ein bisschen ostafrikanische Jäger und Sammler in uns, dazu etwas westanatolische Bauern und eine Portion eurasischer Steppenhirten. Hätte Europa in der Urgeschichte nicht immer wieder große Migrationswellen erlebt, trügen wir heute alle noch dunkle Haut.«[104] Das gilt erst recht für Bayern, das dem Orient – und damit auch den von dort ausgehenden Wanderbewegungen – näher liegt als alle anderen deutschen Bundesländer. Bereits in der Antike lebten zwischen Lech und Salzach, Donau und Alpen nicht nur Römer und Kelten, sondern auch Soldaten und Kaufleute aus dem Balkan, aus Kleinasien und aus der Levante. Später dürften vor allem Franken und Ostgoten, aber auch Alamannen, Hunnen, Langobarden, Rugier, vielleicht sogar Vandalen dazugekommen sein. Die geschlossene Zuwanderung eines einzelnen Stammes, der sich südlich der Donau einnistete und das Ruder übernahm, lässt sich aber weder aus den wenigen schriftlichen Quellen rekonstruieren, noch aus archäologischen Befunden. Letztlich bleibt auch unklar, wieso die *Bajuwaren* laut ihrer ersten gesicherten Erwähnung um 550 in der *Gotengeschichte* des Jordanes *baibaros* heißen – beziehungsweise, nach anderen Schreibweisen – *baioarii, baiwarii* oder auch *boguari*.

Es scheint lediglich festzustehen, dass die Bayern von jeher ein »melting pot«, ein »Schmelztiegel der Stämme und Völker«[105] mit weitreichenden Fernhandelsbeziehungen sind. Darauf deuten auch spektakuläre Funde hin, die man in Unterhaching machte. In der Gemeinde vor den Toren Münchens stieß man im Winter 2004 beim Bau eines Aussiedlerhofes auf Gräber aus der Zeit zwischen 480 und 520, in denen offenbar eine einflussreiche Familie beigesetzt war. Zu den Preziosen gehörten Schmuckstücke aus den Werkstätten italienischer Goldschmiede, Gewandfibeln mit Edelsteinen aus Rajasthan und Reste chinesischer Seide.

Manchmal scheint es so, als ähnle Bayern – wie vermutlich jedes Land, das zu einer Heimat geworden ist – einem alten, noch immer bewohnten Familienschloss. Vielleicht wurde es im Mittelalter erstmals als Wasserburg erwähnt. Eigentlich aber weiß man gar nicht genau, wie weit seine Geschichte zurückreicht. Vielleicht war der Bauherr ein Kreuzritter, der aus dem Orient eine Fülle von Anregungen mitbrachte, wie er sein Zuhause schön und komfortabel einrichten könnte. Vielleicht kamen die Vorschläge zu Architektur und Einrichtung auch von einer Gattin, die womöglich eine Esterházy, eine Lobkowicz oder sogar eine Visconti war. Vielleicht ist das Schloss aus einem Guss. Wahrscheinlich aber wurde es über Jahrhunderte um- und ausgebaut, von jeder Generation in dem Stil, der zu ihrer Zeit en vogue war. Vielleicht hat das Schloss eine Glanzzeit nach der anderen erlebt. Sicherlich dürfte es immer wieder Blessuren erlitten haben – im Bauernkrieg, bei einem Überfall marodierender Schweden, im Spanischen Erbfolgekrieg, durch die Truppen Napoleons oder im Zweiten Weltkrieg. Vielleicht gehört das Schloss noch immer jener Familie, die es einst gebaut hat. In aller Regel aber dürfte es zahllose Besitzer gesehen haben, darunter vielleicht sogar den Bierbrauer aus dem Nachbardorf – weil er mehr Geld in seinem Beutel hatte als der verarmte Schlossherr, der sich den Unterhalt des in die Jahre gekommenen Kastens nicht mehr leisten konnte.

Im besten Fall steht das Schloss heute da wie eine Eins. Vielleicht liegt das dann daran, dass immer alles gut gegangen ist. Vielleicht aber ist nur deshalb alles gut gegangen, weil sich niemand in der langen Reihe der Schlossherren eingebildet hat, dass das Schloss ihm gehöre, dass der Fortbestand des Schlosses auf Gedeih und Verderb an sein eigenes, persönliches Schicksal gebunden sei, dass er es allein zu bestimmen und in der Hand habe, wie die Zukunft des Schlosses ausschaut. Zu einer solchen Haltung gehört Demut – und die Einsicht, dass Wandel das einzig Beständige ist. In Bayern hat man das – von wenigen Unbelehrbaren abgesehen – verstanden. Vielleicht ist das der Grund dafür, dass das heutige Bayern das beste Bayern ist, das es je gegeben hat, und dass sich alle, die in weiß-blauen Gefilden leben, woher sie auch immer kommen mögen, als »Glückskinder in der Mitte Europas«[106] betrachten dürfen.

Warum sich Lenin in Bayern Meyer nannte

Hin und wieder mag die Einschätzung des Historikers Benno Hubensteiner zutreffen, dass »auf bayerischer Erde die Jahrhunderte träger verfließen«[107] und »man alle großen, umwälzenden Bewegungen hierzulande fünfzig Jahre später ansetzen muss, als es die gängigen Geschichtsbücher tun«. In der Regel ist man aber doch weiter. Manchmal eilt Bayern seiner Zeit sogar voraus. So stand München um 1900 im Ruf, die liberalste und pulsierendste Großstadt im deutschen Kaiserreich zu sein. Thomas Mann, der jahrzehntelang unterhalb des Bogenhauser Berges an der Isar wohnte, schwärmte, hier habe sich das »Volkhafte, das Erd- und Echtbürtige auf die natürlichste und liebenswürdigste Weise mit dem Weltfreundlich-Weltgewinnenden, mit gastlicher Kunst und Festspiel«[108] verbunden.

In die bemerkenswert aufgeschlossene Atmosphäre der weiß-blauen Kapitale jener Tage wurde nicht nur die Schauspielerin Therese Giehse hineingeboren, die aus einer bayerisch-schwäbischen Dynastie jüdischer Kaufleute stammte, eine lesbische Beziehung mit Erika Mann pflegte und Bert Brechts *Mutter Courage* ihr Gesicht gab. Auch der sozialistische Dichter und Kulturpolitiker Johannes R. Becher, aus dessen Feder der Text für die Nationalhymne der DDR floss, erblickte in der damals noch königlichen Haupt- und Residenzstadt München das Licht der Welt.

Überhaupt scheinen sich die Linken an der Isar ähnlich wohlgefühlt zu haben wie die Rechten. Leo Trotzki, der Gründer

der *Roten Armee*, lernte während eines mehrmonatigen Aufenthalts die Galerien der Stadt schätzen, freundete sich mit den Zeichnern der satirischen Wochenschrift *Simplicissimus* an und urteilte in seiner Autobiographie, München habe »damals als die demokratischste und künstlerischste Stadt Deutschlands«[109] gegolten.

Der neue Untermieter, der schon zuvor, im September 1900, ein möbliertes Zimmer der Kaiserstraße 46 in Schwabing bezogen hatte und später noch zweimal die Adresse wechselte, war zwar rasch des herbstlichen Münchner »Schmutzwetters« überdrüssig, fand aber großen Gefallen am *Hofbräuhaus* und zählte bald zu dessen Stammgästen. Mit schöner Regelmäßigkeit bestellte er sich eine Mass Bier und große Portionen Fleisch, unternahm anschließend einen Verdauungsspaziergang durch den *Englischen Garten* und ging abends ins Nationaltheater. Der Opernfreund wirkte unauffällig und nannte sich Meyer. Herr Meyer hatte allerdings einen starken russischen Akzent, lebte – verfolgt vom zaristischen Geheimdienst – illegal in München und hieß in Wirklichkeit Wladimir Iljitsch Uljanow. Inkognito arbeitete der Dreißigjährige im Lesesaal der Bayerischen Staatsbibliothek an seinem Hauptwerk *Was tun?* Nebenher gab er ein revolutionäres Blatt namens *Iskra* (*Der Funke*) heraus. Die Nummern 2 bis 21 wurden in einem Münchner Hinterhof gedruckt und in Koffern mit doppeltem Boden oder in Mäntel eingenäht nach Russland geschmuggelt. In der königlich-bayerischen Haupt- und Residenzstadt verwendete Uljanow auch zum ersten Mal jenes Pseudonym, mit dem er in die Weltgeschichte eingegangen ist: Lenin.

Mit dem Bayerischen tat sich der Vater der Sowjetunion allerdings schwer: »Die hiesige Umgangssprache ist so ungewöhnlich«, notierte er, »daß ich die Wörter nicht einmal in öffentlichen Reden verstanden habe«[110]. Inzwischen ist zwar geklärt, dass der weiß-blaue Dialekt nicht – wie im 18. Jahrhundert angenommen – vom Syrischen abstammt. Aber er weist in der Tat gewisse Eigenheiten auf, etwa die Bevorzugung des maskulinen Genus. So sagt man in

Bayern *der* Butter, *der* Radio und *der Schoklad.* Manchmal lässt sich das Femininum nicht vermeiden – insbesondere, wenn von Damen die Rede ist. Dann aber neigt man zur Kürze. Statt umständlich über *die Frau Unterbichler* zu spotten, macht man sich über *d' Unterbichlerin* lustig. Dafür verweigert man ihr – hier offenbart sich wieder die Dominanz des Maskulinen – jegliches Recht auf das weibliche Possessivpronomen. Wird also beispielsweise *der* Radio der Frau Unterbichler thematisiert, spricht man nicht von ihrem Radio, sondern von *der Unterbichlerin sei'm Radio. D' Unterbichlerin* kann heilfroh sein, nicht versächlicht zu werden. Das wäre die Folge, falls sie sich in moralischer Hinsicht dauerhaft danebenbenehmen sollte. Die gängige Bezeichnung für allzu kokette Damen lautet in Bayern nämlich *des Mensch.*

Zu den Besonderheiten der Grammatik gesellt sich die Lust an bildhaften Wortschöpfungen. Als *Radaubesn* gilt eine Person, die zu Übertreibung und Polarisierung neigt. Sie ähnelt dem *Gschroamauladn,* der seine wenig substanziellen Überzeugungen bei jeder sich bietenden Gelegenheit in die Welt hinausposaunt. In enger Verwandtschaft steht das bereits erwähnte *Gscheidhaferl,* das davon überzeugt ist, im Besitz absoluter Wahrheit und Erkenntnis zu sein. Sofern seine vermeintliche Unfehlbarkeit nicht widerspruchslos anerkannt wird, mutiert es zum *Zornbinkl,* im Wiederholungsfall zur chronisch verstimmten *Zwiderwurzn,* die sich hingebungsvoll an den Widerwärtigkeiten des Daseins delektiert. Im Gegensatz dazu kann ein *bsuffas Wagscheitl,* sofern der Alkohol dessen Geist beflügelt, die reinste Stimmungskanone sein. Auch ein *Schmarrnbene* entpuppt sich gelegentlich als charmanter Unterhalter, selbst wenn er viel redet und kaum etwas sagt, was gesunder Skepsis standhält. Sollte das Übermaß an Bier, Bärwurz und Enzian jedoch sedierend wirken, ist alles zu spät. Denn dann muss man befürchten, den weiteren Abend in Gesellschaft eines wortkargen *Loamsiaders* verbringen zu müssen.

Auch für die äußere Erscheinung der Menschen gibt es in Bayern recht bunte deskriptive Begriffe. Ein kleines, dürres, physisch schwächelndes Geschöpf männlichen Geschlechts nennt man *Grischperl*, ein hochgewachsenes, schmal- bis minderbrüstiges weibliches Wesen *Heigeign*. Ein *Trumm Lackl* meint das, was jenseits des Weißwurschtäquators als *Schrank von einem Mann* bezeichnet wird. Sollte er zu adipöser Fülle mit vollmondähnlicher Kopfform neigen, hat man es mit einem *Gschwoischädl* zu tun. Ein eher ätherischer Herr, hellhäutig, sommersprossig und von anhaltendem Haarverlust heimgesucht, fällt unter die Kategorie *platterter Semmegeist*. Sein fülliges weibliches Gegenstück ist die einer Futterrübe nicht unähnliche *Dotschn*, die sich nur selten durch geistige Beweglichkeit auszeichnet.

Dass sich Lenin all diese Begriffe in den eineinhalb Jahren seines Münchner Aufenthaltes nicht merken konnte, weshalb er manchen Ausführungen seiner bayerischen Zechbrüder nur unzureichend folgen konnte, liegt auf der Hand.

Andererseits sollte man nicht so tun, als würde in weiß-blauen Landen ausschließlich Dialekt gesprochen. Das suggerieren zwar Franz Beckenbauer, Hubert Aiwanger, Burschen-, Heimat-, Schützen- und Trachtenvereine, Landtagsabgeordnete der *CSU* und die Moderatoren diverser Heimatsender. Das trifft aber schon deshalb nicht zu, weil heute jeder fünfte Bewohner Bayerns einen Migrationshintergrund und damit Vorfahren hat, die beispielsweise in der Türkei, in Rumänien, Syrien, Griechenland, Russland, Afghanistan oder Indien zuhause waren.

Ebenso irrt, wer glaubt, die Literatur in Bayern beschränke sich auf die häufig unzureichenden Versuche sogenannter Heimatdichter. Selbst die tümelnden Werke von Ludwig Ganghofer oder Ludwig Thoma sind nur ein kleiner Ausschnitt: Das *Muspilli* – eine eindringliche Bußpredigt über den Untergang der Welt, notiert um 870 auf den unbeschrieben Seiten und Seitenrändern einer Handschrift aus dem Kloster St. Emmeram in Regensburg – zählt zu den frühesten und bildmächtigsten Zeugnissen der deutschen Sprache. In einem Codex aus der Benediktinerabtei Tegernsee, entstanden um 1170, findet sich unter Musterbriefen für alle möglichen Anlässe der wohl berühmteste Liebesschwur des Mittelalters:»Dû bist mîn / ih bin dîn. / des solt dû gewis sîn. / dû bist beslozzen / in mînem herzen. / verlorn ist das sluzzelîn. / dû muost och immêr dar inne sîn.«[111] Aus Bayern – genauer: aus dem Umkreis des Passauer Bischofs Wolfger von Erla – stammt vermutlich auch das *Nibelungenlied*, das im 19. Jahrhundert den Rang eines deutschen Nationalepos hatte.

Sogar *Die Biene Maja* begann ihren rekordverdächtigen Höhenflug unter weiß-blauem Himmel: Waldemar Bonsels, der Autor, verarbeitete in seinem Bestsellerroman Naturbeobachtungen, die er im Park von Schloss Schleißheim angestellt hatte. Ein anderer, der mit seinen Jugendbüchern Furore machte, war Michael Ende: Geboren in Garmisch, lief er als 15-Jähriger zur *Freiheitsaktion Bayern* über, einer Widerstandsgruppe gegen die Nationalsozialisten. Viele Jahre später stöberte er im riesigen Dachboden des ehemaligen Gerichts- und Pflegamtsgebäudes zu Valley, das ihm damals gehörte, und hatte unter der jahrhundertealten Holzkonstruktion urplötzlich die Idee zu seinem Roman *Die unendliche Geschichte*, der längst zu den Klassikern der internationalen Jugendliteratur zählt.

Selbst Ödön von Horváth wurde von der bayerischen Literaturgeschichte vereinnahmt. Der Sohn eines österreichisch-ungarischen Diplomaten verliebte sich als Student der Münchner Universität in das Voralpenland und wohnte neun Jahre lang im elterlichen Landhaus in Murnau am Staffelsee. Ganze Tage brachte er in den Biergärten, Cafés und Gastwirtschaften der Umgebung zu, trank sein Bier, beobachtete die Menschen, vertiefte sich in die Lokalzeitung und machte sich Notizen. Sie dienten ihm als Ausgangsmaterial für sein schriftstellerisches Schaffen. Damals entstand nicht nur die Komödie *Zur schönen Aussicht* mit dem legendären, von Udo

Lindenberg in einem Song zitierten Ausspruch »Ich bin nämlich eigentlich ganz anders, aber ich komme nur so selten dazu«[112]. In Murnau schrieb Horváth auch seinen Roman *Der ewige Spießer* und sein Theaterstück *Glaube, Liebe, Hoffnung*. Selbst in *Jugend ohne Gott* finden sich Reminiszenzen an Horváths Tage am Staffelsee.

Dass sich Schriftsteller, Maler und Musiker von Bayern inspiriert fühlen, liegt schon an der landschaftlichen Vielfalt und Schönheit. Der englische Komponist Edward Elgar beispielsweise, Schöpfer des *Pomp & Circumstance March No. 1* und damit der inoffiziellen Hymne des Vereinigten Königreichs von Großbritannien und Nordirland, weilte mehrfach zur Sommerfrische in Garmisch. Er war von den Bergen, vom Land und von den Leuten derart hingerissen, dass er mit Unterstützung seiner deutsch sprechenden Gattin sechs höchst originelle Chorlieder zu Papier brachte. Sie sind als *Scenes from the Bavarian Highlands* in die Musikgeschichte eingegangen, zitieren *Schnadahüpfl*, *Schuhplattler* und *Zwiefache* und sind Schauplätzen im Werdenfelser Land zugeordnet, etwa Hammersbach, Partenkirchen oder Wamberg.

Dabei ist auch die Bergwelt nicht so bayerisch, wie man vermuten möchte. Das zeigt sich schon am Wendelstein, der mit seinem markanten Gipfel samt Observatorium, Rundfunksender und Wetterwarte als imposanteste Erscheinung des Mangfallgebirges gilt. Auch er hat einen Migrationshintergrund. Die Muschelkalkwand, auf der Deutschlands höchstgelegenes Gotteshaus thront, war vor 250 Millionen Jahren Teil eines gigantischen Korallenriffs in einem subtropischen Ozean an der Nordküste Afrikas. Erst die Alpenbildung schob den Gebirgsstock ins heutige Bayern.

Im *Weltwald* nordwestlich von Freising hat der Mensch nachgeholfen, dass neben heimischen Gehölzen wie der Hainbuche, der Lärche oder der Zirbelkiefer auch exotische wie Libanon-Zedern, Troja-Tannen oder Japanische Kaiser-Eichen zu finden sind.

Typisch bayerisch ist hingegen die einzigartige Fauna des Landes. Hier ist neben der Bayerischen Quellschnecke, der Nymphenburger Zuckmücke und der Regensburger Sandbiene nämlich auch der Wolpertinger zu Hause. Und der beflügelt die Phantasie seit Menschengedenken. Das »scheue Nachttier« gehört weltweit zu den ungewöhnlichsten Spezies. Es erinnert an einen gehörnten Hasen, hat – wie eine Gans oder Ente – Schwimmhäute zwischen den Zehen und trägt, wenn es nicht gefiedert ist, den Panzer einer Schildkröte auf dem Rücken. Münchner Paläontologen sind in Sandelzhausen, einem Ortsteil von Mainburg in der Hallertau, in sechzehn Millionen Jahre alten Gesteinsschichten auf Fragmente seines mutmaßlichen Vorfahren, des Hasenhirsches, gestoßen. In der freien Wildbahn ist der Wolpertinger, der sich von Gämseneiern ernährt, jedoch seit Generationen nicht mehr beobachtet worden. Die Alten erzählen, er lasse sich locken, »wenn man bei der Pirsch die Bayernhymne summt«[113]. Man möchte hoffen, dass man dazu nicht auch noch den zweistrophigen Text im Kopf haben muss. Denn den können nicht einmal alle Staatsminister des weiß-blauen Kabinetts auswendig. Insofern steht zu befürchten, dass der Wolpertinger künftig nur noch in ausgestopfter Form zu bestaunen sein wird.

Trotzdem bleibt unter dem weiß-blauen Himmel genug an Lebendig-Phantastischem, das dem literarischen Schaffen zur Anregung dienen kann – sei es der Starkbier-Anstich, der Schuhplattler oder der Almabtrieb.

Zugegeben: Das Fensterln, bei dem die »gemeinen Baurengesellen« auf einer mitgebrachten Leiter »auch im rauchisten Winter« zum Kammerfenster ihrer Angebeteten hochsteigen, »eine halbe Nacht den Kopf zum Fenster hinein halten und oft ganze Eiszöpff unter der Nasen ziglen«[114], ist – zur Erleichterung »der Geistlichkeit«, die diesen Brauch »übel vermerkt«[115] hatte – aus der Mode gekommen. Und statt Zitherspielen, Tabakschnupfen und Fingerhakeln – Letzteres eine offen zur Schau gestellte Variante des Über-den-Tisch-Ziehens, das Hedgefonds-Manager natürlich sehr viel besser beherrschen – bilden heutzutage Bouldern, Mountainbiking und Weight Watching den Dreiklang der weiß-blauen Kampfsportarten.

Dafür halten die Einheimischen an ihren Heiligen fest. Wo sonst, bitte schön, werden heute noch Kinder auf Namen wie Alto, Anian, Emmeram, Englmar, Genoveva, Hedwig, Ignaz, Josefine, Kajetan, Kastulus, Kreszentia, Leonhard, Munditia, Notburga, Onuphrius, Pankraz, Quirin, Salome, Walburga, Willibald oder Wunibald getauft? Und klingen nicht auch die Ortsnamen wie reinste Poesie? Von München aus kann man beeindruckende Panoramafahrten machen, etwa über Frotzhofen, Pups, Unterlaus und Umratshausen nach Petting. Da ist man fast schon in Weibhausen und am Wonneberg, sofern man sich nicht verfranst hat und im ehemals blühenden Wallfahrtsort Tuntenhausen gestrandet ist, wo noch heute der von *CSU*-Granden geführte *Katholische Männerverein*, die »schwarze Seele des politischen Katholizismus Bayerns«[116], um göttlichen Beistand bangt.

Um Niederbayern zu erkunden, böte sich die Route von Ratzenhofen über Schmatzhausen, Niederviehbach, Gottfrieding und Wurmannsquick nach Witzmannsberg an. Und in der Oberpfalz sei zum ersten Kennenlernen eine Rundfahrt von Pechbrunn über Zweifelhof, Waffenbrunn, Hagelstadt, Schierling und Krachenhausen nach Kümmersbrück empfohlen.

Bei der persönlichen Begegnung mit Land und Leuten wird man feststellen, dass vieles, was man über den weiß-blauen Kosmos gelesen hat, gar nicht stimmt. Dass die Uhren in Bayern anders gehen, dass man sich zu jeder Tageszeit mit einem Jodler auf den Lippen begrüße, dass das Lebensziel der Einheimischen »a Haus und a Kuah und a Millisupperl in der Fruah«[117] sei – alles Unsinn. Diese Behauptungen gehören ins Reich »folkloristische[r] Fiktion«[118], wie der Literaturwissenschaftler Gerd Holzheimer anmerkt, ein Bayernkenner ersten Ranges.

Die Annahme, dass es in Bayern eine *echte* Tracht gebe, die – seit Menschengedenken unverändert – auch weiterhin bewahrt werden müsse, ist ebenfalls ein Hirngespinst. *Tracht* meint, was man trägt, also das *Gwand*. Und das *Gwand* ist schon immer der Mode unterworfen. Denn die Jungen kleiden sich in aller Regel anders als die Alten, bevorzugen andere Stoffe, andere Schnitte, andere Muster. Das gilt auch für Bayern. Es stimmt zwar, dass schon Max II., der Vater des *Märchenkönigs*, Wadlstrümpfe, Lederhose und einen Hut mit Gamsbart getragen hat[119]. Er dürfte sogar der erste in der langen Ahnenreihe der Wittelsbacher gewesen sein, der sich derart volkstümlich in der Öffentlichkeit zeigte. Das war allerdings Kalkül und letztlich eine Maskerade mit politischer Zielsetzung: Als Herrscher in unsicheren Zeiten – die Französische Revolution sorgte noch immer für Verwerfungen – wünschte er sich loyale Landeskinder, die sich mit Staat und Monarchie identifizieren. Ein *Nationalkostüm*, das auf traditionelle Vorbilder, etwa auf das *Heugwand* der Mägde oder auf die strapazierfähigen Schuhe und Arbeitshosen der Holzknechte zurückgreift, schien ihm ein geeignetes Mittel zu sein, das *Nationalgefühl* zu heben. Diese Rechnung ist Anfang des 20. Jahrhunderts endgültig aufgegangen – gegen den Widerstand der katholischen Geistlichkeit. Die hochwürdigen Herren sahen schon angesichts der *nackerten Wadln* des »Kurzhöslers«[120] das Weltgericht nahen – von den Versuchungen durch das Dekolleté eines Dirndlgewands, das womöglich sogar einen Blick auf das *Holz vor der Hüttn* freigab, ganz zu schweigen. Deshalb blieb Trachtlern vielerorts die Teilnahme an Gottesdiensten, Prozessionen und Wallfahrten untersagt. Dass die Autorität der katholischen Kirche allerdings schon damals nicht mehr unangefochten war, beweisen die Auftritte des Prinzregenten Luitpold: Er zeigte sich trotzdem immer wieder in kurzen Lederhosen, unter denen er im Winter, der Kälte wegen, lange, weiße Unterhosen trug. Man kann von Glück reden, dass diese modische Fragwürdigkeit keine Nachahmer fand.

Zwischenzeitlich von den Nationalsozialisten instrumentalisiert und in der Folge wahlweise als Ausdruck reaktionärer Blut- und Boden-Ideologie oder hinterwäldlerischer Schlichtheit diskreditiert, hat das weiß-blaue *Nationalkostüm* heute wieder einen großen Stellenwert. Das freut die Funktionäre der zahlreichen Trachtenerhaltungsvereine. Dass auch die Lust an einer zeitgemäßen Neuinterpretation, an bunten Stoffen und modernen Schnitten zunimmt, bereitet ihnen dagegen schlaflose Nächte. Tatsächlich aber gehört der Wandel schon immer dazu, ebenso der Blick über den Rand des weiß-blauen Tellerrands. Die spanische Hofmode, die französische Mode des frühen 19. Jahrhunderts, ja selbst die Mode der griechisch-römischen Antike mit ihrer hoch angesetzten Taille haben ihren Niederschlag in der bayerischen Tracht gefunden. Und um 1850 ließ man sich den Samt für die Herrenwesten bis aus Lyon und Venedig liefern. Kalligraphisch anmutende Ornamente, die sich um 1800 als Posamenten auf bayerischen Joppen finden, stammen ursprünglich sogar aus dem Osmanischen Reich. Sie schmückten dort die prächtigen Überwürfe von Herrschern, Beamten und Offizieren. Dass die meisten bayerischen Lederhosen heute in Sri Lanka genäht werden – von Frauen, die einen Sari tragen und sich fragen, wer in aller Welt einen derart großen Hosenlatz zum Aufknöpfen braucht – unterstreicht nur: Tracht kennt, wie die Kultur, keine Grenzen.

Warum die *Bavaria* ihre Existenz dem Untergang der osmanischen Flotte verdankt

Konservativ mögen die Bayern sein – weil sie an alten Überlieferungen hängen, ökologisch denken, gesunden Menschenverstand beweisen und das gesellschaftliche Miteinander hochhalten. Mit Anstand und Sitte, was man darunter auch immer verstehen mag, nehmen sie es allerdings weniger genau.

Der nachgeborene Wittelsbacher Clemens August von Bayern – Erzbischof von Köln, Oberhirte der Bistümer Münster, Paderborn, Hildesheim und Osnabrück, Hochmeister des Deutschen Ordens und Inhaber zahlloser weiterer Titel – war einer der mächtigsten katholischen Kirchenfürsten aller Zeiten. Dem zum Trotz lud der Bauherr von Schloss Augustusburg in Brühl am Rhein während des Karnevals mehrmals pro Woche zu Maskenbällen ins verschwenderisch dekorierte Bonner Hoftheater, um sich mit schönen Männern und Frauen zu vergnügen. Aus einer Liebschaft mit der Harfenistin Mechthild Brion ging eine Tochter namens Maria Anna hervor, die er passenderweise mit einem unehelichen, nachträglich legitimierten Sohn seines Bruders, des Kurfürsten von Bayern, verehelichte.

Der schillernde Münchner Modeschöpfer und Paradiesvogel Rudolph Moshammer, der barfüßige männliche Models in knöchellange Kaftane steckte, in seiner *Boutique* an der Maximilianstraße überteuerte Krawatten verkaufte und seine unvorteilhafte

König-Ludwig-Perücke mit der größten Noblesse auf den roten Teppichen der Schicki-Micki-Gesellschaft zur Schau trug, versuchte sein schwules Liebesleben zwar stets geheim zu halten. Tatsächlich war seine Neigung aber ein offenes Geheimnis – und kein Grund, ihm eine standesgemäße *Schöne Leich'* zu verweigern: Nachdem der Wohltäter der Münchner Obdachlosenszene von einem Stricher stranguliert worden war, bahrte man ihn – wie weiland den Prinzregenten – in der Allerheiligen-Hofkirche der Residenz auf. Den Trauerzug zum Ostfriedhof, wo er im Mausoleum des Hofschuhmachers König Ludwigs I. beigesetzt wurde, begleiteten Zehntausende.

Uschi Obermaier verheimlichte – anders als Herr Moshammer – nichts: Die gebürtige Münchnerin, *Glamour-Girl der 68er*, badete nackt in der Isar und schockierte die bürgerliche Welt mit den ersten Hotpants, mit einem langen Fransenmantel und mit Schlangenlederstiefeln. Aus der angehenden Tiefdruckretuscheurin, die ihre Lehre bei der *Süddeutschen Zeitung* abbrach, wurde das bestbezahlte Model der jungen Bundesrepublik. Sie ließ sich für die amerikanische *Vogue* und von Helmut Newton fotografieren, zeigte neben Gesicht und Körper genauso offenherzig, wie man fachgerecht einen Joint baut, und wurde – wiewohl dem politischen Diskurs eher abgeneigt – wahlweise als *Boxenluder der Studentenrevolte*, *Frontfrau der Kommune 1* oder *Verfechterin der sexuellen Revolution* gefeiert. Dank ihrer publicityträchtigen Affären mit Mick Jagger und Keith Richards galt sie außerdem als *Busen der Nation*.

Ihre zweieinhalb Jahre ältere Namensvetterin Uschi Glas, ebenfalls von dunklem Teint und in Kindertagen von den Spielkameraden in Landau an der Isar als *Negerlein* tituliert, schaffte es immerhin zum *Schätzchen der Nation*. Die *Sauberfrau des deutschen Kinos*, die keine Affären hatte, Willy Brandt doof fand und wegen ihrer Sympathie für das konservative Lager als *Schwarze Uschi* verschrien war, begann ihre Karriere in der Buchhaltung einer Maschinenfabrik in Dingolfing. Dort entpuppte sie sich als Verkaufsgenie für Melkmaschinen, bevor sie zum Film ging und 1966 ihre erste Hauptrolle bekam: Mit *Winnetou und das Halbblut Apanatschi* wurde sie einem Millionenpublikum bekannt. Apropos Frauen: Lange wurde verschwiegen, dass es diese Spezies in Bayern überhaupt gibt. So ist in zahllosen Berichten ausschließlich von *dem* Bayern die Rede. Johann Kaspar Riesbeck, ein schriftstellernder Aufklärer aus dem Hessischen, der sich als reisender Franzose ausgab, revidierte dieses einseitige Bild in seinen *Briefen* als einer der ersten: »Die Weibsleute gehören im Durchschnitt gewiß zu den schönsten in der Welt«, schrieb er über die bayerischen Frauen: »Sie fallen zwar auch gerne etwas dick ins Fleisch, aber dieses Fleisch übertrifft alles, was je ein Maler im Inkarnat geleistet hat. Das reinste Lilienweiß ist am gehörigen Ort, wie von den Grazien mit Purpur sanft angehaucht. Ich sah Bauernmädchen so zart von Farbe und Fleisch, als wenn die Sonne durchschiene. Sie sind sehr wohlgebaut, und in ihren Gebehrden viel lebhafter und runder als die Mannsleute.«[121]

Tatsächlich zeichnet sich der weiß-blaue Kosmos gerade durch seine starken Frauen aus. König Ludwig I. trug diesem Faktum Rechnung, als er am 9. Oktober 1850 auf der Münchner Theresienhöhe das gewaltige Standbild der *Bavaria* enthüllte. Die Allegorie Bayerns, dem *Koloss von Rhodos* nachempfunden, ist achtzehn Meter hoch, 88 Tonnen schwer – und gegossen aus der Bronze türkischer Kanonen, die 1827 mit der osmanischen Flotte bei Navarino, dem heutigen Pylos, untergegangen waren. Entsprechend finster blickt die Dame drein. Ihr hohles Inneres kann man zwar erklimmen, um von einer Aussichtsplattform hinter Nase und Stirnfalten ein stupendes Panorama zu genießen. Spaßen lässt sich mit der *Bavaria*, die in ihrer Amazonenhaftigkeit zum Vorbild aller bayerischen Wirtshauskellnerinnen geworden ist, aber nicht. Denn sie hält ein gezogenes Schwert in der Rechten und wird von einem zähnefletschenden Löwen begleitet.

Eine ihrer würdigsten Töchter dürfte Johanna Sophia Kettner aus Eichstätt gewesen sein. Sie entstammte einer fürstbischöflichen Bierbrauerfamilie, hatte laut dem *Nekrolog der Teutschen für das neunzehnte Jahrhundert* von Friedrich Schlichtegroll eine »angeborne Neigung zu kühnen Unternehmungen«[122] und träumte davon, Soldat zu werden. Dank kurzgeschorener Haare und einer gehörigen Portion Chuzpe gelang es ihr tatsächlich, sich als jungen Mann auszugeben und als Rekrut der österreichisch-habsburgischen Armee *angelobt* zu werden. Sechseinhalb Jahre diente sie – zuletzt »als Corporal bey dem K. K. Hagenbachischen Infanterie-Regiment, ohne daß jemand auf den / Argwohn hätte kommen können, sie sey eine Mannsperson«.[123] Ihr wahres Geschlecht flog auf, als sie 1746 mit einem hitzigen Fieber *in deliriis* lag. Man berichtete die Ungeheuerlichkeit dem Hofkriegsrat, »der sie nach Wien berief und der Kaiserin vorstellte«. Maria Theresia freilich bewunderte den Heroismus der tapferen *Amazon*, die »trotz der Gebrechlichkeit ihres Geschlechts« bei zahllosen »Stürmen, Attaken und Battaillen« ihren Mann gestanden und allerlei »Blessuren am Arm und Kopf«[124] davongetragen hatte. »Ihrer Bravour halber«[125] erhielt sie einen »sehr ehrenvollen Abschied« und – angeblich von der Kaiserin persönlich – eine lebenslange Pension von acht Gulden pro Monat. Allerdings hatte sie auch nach Ablegen der geliebten Uniform »in Stellung und Gang ein entschiedenes militairisches Ansehen« und bis ins hohe Alter derart herbe Gesichtszüge, »daß der schärfste Physiognom sie für eine in Weiberkleider versteckte Mannsperson halten mußte«[126]. Und als sie mit 84 Jahren das Zeitliche segnete, ließ es sich »der in Eichstädt auf Werbung stehende K. K. Oberlieutnant Stössel« nicht nehmen, »diesem Heldweibe militairische Ehre« zu erweisen, indem er »mit seinem Kommando ihrem Leichenzuge beywohnte«[127].

Das Beispiel der Kettnerin darf allerdings nicht zur falschen Annahme führen, in Bayern seien alle Frauen Flintenweiber.

Freilich – auch Barbara Blomberg, eine Regensburger Gürtlerstochter, scheint ein rabiates Naturell gehabt zu haben. Noch Mitte des vorigen Jahrhunderts wurde sie als »sittenlos« und »mannstoll«[128] klassifiziert. Sie steht aber gleichzeitig im Ruf, eine der großen Schönheiten ihrer Zeit gewesen zu sein. Im Sommer 1546 erlag ihrer Bellezza kein Geringerer als Karl V., »von Gottes Gnaden / Römischer Kayser / zu allen Zeiten Mehrer des Reichs / König in Germanien / zu Castilien / Arragon / Leon / beeder Sicilien / Hierusalem / Hungarn / Dalmatien / Croatien / Navarra / Granaten / Tolleten / Valentz / Gallicien / … Sardinien / Corduba / Corsica … / Gibraltar / der Carnarischen / und Indianischen Insulen / und der terræ firmæ des Oceanischen Meeres / etc. Ertzhertzog zu Oesterreich / Hertzog zu Burgundi / und Lottrigk / zu Brabandt / zu Steyer / zu Cärndten / zu Crain / zu Limburg / zu Lützenburg / zu Geldern / zu Calabrien / zu Athen / zu Neopatrien und Würtemberg / etc. Grave zu Habspurg / zu Flandern / zu Tyrol / zu Gortz … / zu Artois / zu Burgundi / Pfaltzgraffe zu Hennegau / zu Holland / zu Seeland … / Landgraffe in Elsaß / Marggraffe zu Burgau / … und des Heiligen Römischen Reichs Fürst zu Schwaben / Cathelonia / Asturia / etc. Herr in Frießland / auff der windischen Marck / zu … Biscaija / zu Molin / zu Salins / zu Tripoli und Mecheln«[129], außerdem in Asien und Afrika. Neun Monate nach der kurzen, aber stürmischen Romanze mit der kaiserlichen Majestät wurde *die schöne Barbara* von einem Buben entbunden, der später als Flottenadmiral des christlichen Abendlandes in die Weltgeschichte eingehen sollte. Eine Inschrift am *Goldenen Kreuz*, der einstigen Kaiserherberge in Regensburg, erinnert bis heute an den folgenreichen imperialen Fehltritt, denn »draus erwuchs / dem Vatter gleich / der DON JUAN VON OESTERREICH / der bey LEPANTO in der Schlacht / Vernichtet hat der Türckhen Macht.«[130]

Auch die Volksschriftstellerin Emerenz Meier aus dem Bayerischen Wald, bekannt geworden durch ihre Erzählung *Der Juhschroa*, hatte ihren Charme. Sie brauchte zwar erst einmal eine Mass Bier, bevor sie irgendetwas zu Papier brachte, und verschaffte sich als Exilantin in Chicago dadurch Respekt, dass sie den unverzichtbaren Gerstensaft wegen der Prohibition heimlich selber braute. Der handfeste Pragmatismus tat ihrer aparten Erscheinung allerdings keinen Abbruch. »Man konnte nicht fraulich sanfter und verträumter aussehen als die Senz«, urteilte der in Passau praktizierende Arzt und Schriftstellerkollege Hans Carossa, »dennoch wurde sie von allem unbändig Aufrührerischen hingerissen«.[131] Dazu gehörte, dass sie gegen den Kapitalismus wetterte, die Kirche verteufelte und den Kommunismus predigte.

Mit ihrer agitatorischen Renitenz stand Emerenz Meier in jenen Tagen nicht allein. Die existentielle Not der Land- und Fabrikarbeiter, die saturierte Langeweile des Großbürgertums, die eitlen Verstiegenheiten der Schwabinger Bohème und die galoppierende Vergreisung der weiß-blauen Monarchie beförderten den Eindruck der Zeitgenossen, ein *Fin de Siècle* zu erleben. Die klügeren Köpfe riefen nach Veränderung – darunter Frauen »von Selbstachtung ... Kraft und Rückgrat«[132], die sich nicht mehr damit abfinden wollten, Menschen zweiter Klasse zu sein. Das *Schöne Geschlecht* besaß laut den damals geltenden Bestimmungen weder das aktive noch das passive Wahlrecht. Frauen durften sich nicht politisch betätigen, ja nicht einmal an politischen Versammlungen teilnehmen. Sie waren nicht geschäftsfähig und zur Hausarbeit verpflichtet. Das Vermögen der Gattin fiel mit der Heirat an den Gatten, der auch das alleinige Sorgerecht für die gemeinsamen Kinder ausübte. Schon der Zugang zu höherer Bildung war Frauen verwehrt. »Beim Kultusministerium harren verschiedene Eingaben von *Damen* um Zulassung zum Studium an Gymnasien und Universitäten«, spottete die *Neue bayerische Landeszeitung* am 18. Januar 1900: »Hoffentlich wird der Minister die Gesuche ablehnend bescheiden ... Derjenige Staat, in dem Weiber ... in die politischen und wissen-

schaftlichen Berufe hineinpfuschen, ist dem Untergang geweiht ...
Die Ausbreitung des Frauenstudiums ist ein gemeingefährlicher
Unfug.« Dahinter stand die Annahme, eine Frau sei »vermöge ihrer
natürlichen Veranlagung und Bestimmung«[133] nicht in der Lage,
einen *männlichen* Beruf auszuüben, da sie ihre Hirnleistung, salopp
gesagt, bereits völlig ausgeschöpft habe, wenn sie sich drei Koch-
rezepte merken soll. Das glaubten damals aber nicht einmal mehr
alle Männer: Unter den Mitgliedern der *Gesellschaft zur Förderung
geistiger Interessen der Frau*, die 1894 in München gegründet wurde
und als Speerspitze der emanzipatorischen Bewegung in Bayern gilt,
fanden sich gleich mehrere Herren, darunter der Dichter Rainer
Maria Rilke und Carl von Thieme, der seinerzeitige Direktor der
Münchner Rückversicherung.

Gemäß dem Motto *A bisserl was geht immer* verschafften sich die
unkonventionellen Damen, die mit provokanten Kurzhaarschnitten
im Herrensattel ausritten oder auf Fahrrädern den *Englischen Garten* erkundeten, Respekt. Schon 1887 hatten Anita Augspurg und
ihre erste Lebensgefährtin Sophia Goudstikker mit dem Münchner
Fotoatelier Elvira das erste von Frauen geführte Unternehmen in
Deutschland aus der Taufe gehoben. Die meergrüne Fassade ihres
Hauses, geziert von einem riesigen Drachenrelief in Formen des Ju-
gendstils, löste einen Skandal aus, beförderte aber gleichzeitig die
Publicity. Wegen des Ornaments als *Drachenburg* oder *Chinesische
Botschaft* verunglimpft, entwickelte sich das *Fotoatelier Elvira* zur
ersten Adresse der selbstverliebten Münchner *High Society*. Zu den
Kunden zählte neben Thomas Mann auch das bayerische Königs-
haus. Schließlich wurden die beiden Betreiberinnen sogar zu *Hof-
photographinnen* ernannt.

1903 war Bayern nach Baden der erste deutsche Staat, der Frau-
en zum Studium zuließ. Und 1918, kurz nach dem Untergang der
Monarchie, erhielt die Medizinerin Adele Hartmann mit ihrer Ha-
bilitation an der *Ludwig-Maximilians-Universität* in München als

erste Frau im Deutschen Reich die Lehrbefähigung für Hochschulen. Wenige Wochen zuvor hatte Bayern unter dem sozialdemokratischen Revolutionsführer und Ministerpräsidenten Kurt Eisner als erster deutscher Staat das aktive und passive Wahlrecht der Frau eingeführt.

Im provisorischen Parlament des soeben aus der Taufe gehobenen Freistaats Bayern saß auch Anita Augspurg. Sie hatte sich inzwischen von ihrer ersten Lebensgefährtin getrennt und – weil Frauen in Deutschland der Zugang zum Studium damals noch verwehrt war – in Zürich im Fach Jura promoviert. Seit 1904 lebte sie mit ihrer zweiten Lebensgefährtin Lida Gustava Heymann im Künstlerdorf Irschenhausen vor den Toren Münchens. Den dortigen Bauern waren die resoluten Damen schon deshalb suspekt, weil sie auf ihren Pferden furiengleich über die Felder jagten. Umso mehr Anerkennung fanden sie in der internationalen Frauenbewegung. Hier gelten sie – neben ihrer Busenfreundin Rosa Luxemburg – bis heute als prominente Wegbereiterinnen weiblicher Selbstbehauptung. Sie trugen nämlich nicht nur zur Durchsetzung des Frauenstudiums und des Frauenwahlrechts bei. Sie gehörten auch zu den Mitbegründerinnen der *Internationalen Frauenliga für Frieden und Freiheit (IFFF)*, die heute als nichtstaatliche Organisation die *UNO* berät, und machten die bayerische Landeshauptstadt dadurch zum Zentrum der von Frauen getragenen Friedensbewegung.

Die Friedensaktivistinnen gerieten früh ins Visier der aufstrebenden Nationalsozialisten. Im Januar 1923 – acht Monate, bevor der Putschversuch des aus Braunau stammenden *Kunstmalers* Adolf Hitler an der Münchner Feldherrnhalle im Kugelhagel der bayerischen Landespolizei ein klägliches Ende fand – kam es in München zu einem besonders brutalen Überfall: Fünfzehn *Hitler-Faschisten* sprengten eine Versammlung der pazifistischen Frauen mit Knüppeln und Schlagringen. Das ließen sich Anita Augspurg und Lida Gustava Heymann nicht gefallen. Gemeinsam mit Ellen Ammann,

Landtagsabgeordnete der *Bayerischen Volkspartei* und Vorkämpferin der katholischen Frauenbewegung, beantragten sie beim damaligen bayerischen Innenminister, Adolf Hitler wegen Volksverhetzung in sein Herkunftsland Österreich auszuweisen. Dass ihr Ansinnen verpuffte, schlimmer noch: dass Bayern längst zum Nährboden des Nationalsozialismus' geworden war und den beispiellosen Aufstieg der braunen Brut nach Kräften förderte, gehört zu den dunkelsten Kapiteln in der Geschichte des Landes. Bayern verlor im *Dritten Reich* zum ersten und bisher einzigen Mal seine staatliche Unabhängigkeit – und zuvor schon seine Unschuld: Im Festsaal des Münchner *Hofbräuhauses* vollzog Adolf Hitler am Abend des 24. Februar 1920 den Gründungsakt der *NSDAP*. In der *Gefangenenanstalt* Landsberg am Lech und auf dem Obersalzberg bei Berchtesgaden schrieb er, teilweise in landestypischen Lederhosen, sein programmatisches Machwerk *Mein Kampf*. Zu seinen Finanziers zählten Angehörige des Münchner Großbürgertums, darunter die Verlegerfamilie Bruckmann und die Kunsthändlerdynastie Hanfstaengl. 1935 ernannte Adolf Hitler seine Wahlheimat München zur *Hauptstadt der Bewegung*. Denn hier stand, in der Brienner Straße 45, die Parteizentrale der *NSDAP*, das *Braune Haus*. In der Thierschstraße 11 erschien der *Völkische Beobachter*, das *Kampfblatt* der nationalsozialistischen Ideologie. In den Räumen des *Archäologischen Instituts* am Hofgarten diffamierte die Propagandaausstellung *Entartete Kunst* Meisterwerke von Ernst Barlach über Franz Marc bis hin zu Kurt Schwitters als Beispiele »seelische[r] Verwesung«[134]. Vor den Toren Münchens, in einer stillgelegten Munitionsfabrik bei Dachau, wurde das erste Konzentrationslager errichtet. Am Münchner Oberanger begann die reichsweite Verfolgung homosexueller Männer. Und bei einer Veranstaltung mit Joseph Goebbels im Saal des Alten Rathauses fiel am Abend des 9. November 1938 der Startschuss zur sogenannten *Reichskristallnacht*. Adolf Hitler selbst war bis zu seinem Suizid im Bunker der Berliner Reichskanzlei in München gemeldet – zuletzt als Eigentümer des Hauses Prinzregentenplatz 16, in dem jederzeit eine luxuriöse Neun-Zimmer-Wohnung mit Balkon für ihn reserviert war. Hier fand man 1945 auch seine Ernennungsurkunde zum Reichskanzler.

Bayern blieb bis zum bitteren Ende das Dorado der braunen Funktionäre: Der Obersalzberg mit seinem *Führersperrgebiet* galt neben Berlin als zweiter Regierungssitz, punktete auch bei Staatsgästen mit seinen atemberaubenden Panoramablicken und gab die perfekte Kulisse für das angeblich Familienidyll der NS-Granden ab. Zum Skifahren traf man sich in Garmisch-Partenkirchen, wo sich das nationalsozialistische Deutschland bei den *Olympischen Winterspielen* 1936 den Anschein einer friedliebenden Nation gegeben hatte. Und wer eine Auszeit am Wasser suchte, verlustierte sich am Tegernsee, der schon deshalb als *Lago di Bonzo* bezeichnet wurde, weil an seinen Gestaden Max Amann, Präsident der *Reichspressekammer*, Heinrich Himmler, *Reichsführer SS*, und Franz Xaver Schwarz, *Reichsschatzmeister der NSDAP*, Ferienhäuser besaßen, in denen die damalige Politprominenz bis hinauf zum *Führer und Reichskanzler* aus- und einging.

Natürlich war Bayern auch ein Schauplatz des Widerstands. 1939 verfehlte der aus dem Württembergischen stammende Möbelschreiner und Uhrmacher Georg Elser nur knapp sein Ziel, Adolf Hitler bei einer Rede im Münchner *Bürgerbräukeller* mit einer selbstgebastelten Bombe zu töten. 1944 gehörte der Münchner Jesuit Alfred Delp, geboren in Mannheim und Kirchenrektor von St. Georg in Bogenhausen, zu den Verschwörern des 20. Juli. Und in den letzten Kriegstagen versuchte die *Freiheitsaktion Bayern (FAB)* unter Rupprecht Gerngroß, der als Sohn eines deutschen Arztes in Shanghai das Licht der Welt erblickt hatte, zu retten, was noch zu retten war: Die Mitglieder und Sympathisanten der *FAB* riefen die Bevölkerung dazu auf, sich den Alliierten kampflos zu ergeben, um weiteres Blutvergießen zu vermeiden.

Im kollektiven Gedächtnis hat sich vor allem die *Weiße Rose*, eine Gruppe Münchner Studenten, als Verkörperung des Widerstands und Stimme des *anderen* Deutschlands eingebrannt. Die jungen Leute riefen zum zivilen Ungehorsam auf. Hans und Sophie Scholl, die führenden und wie Georg Elser aus dem Württembergischen stammenden Köpfe, wurden bei einer spektakulären Flugblattaktion im Lichthof der *Ludwig-Maximilians-Universität* entdeckt und starben am 22. Februar 1943, wenige Stunden nach der Verkündung des Todesurteils, im Gefängnis München-Stadelheim unter der Guillotine.

Thomas Mann, der *Großschriftsteller*, Nobelpreisträger und ehemalige Wahl-Münchner, erfuhr davon im amerikanischen Exil. In einer seiner monatlichen Rundfunkansprachen, die der *Feindsender BBC* auch im nationalsozialistischen Deutschland ausstrahlte, rief er ihnen zu: »Ihr sollt nicht umsonst gestorben, sollt nicht vergessen sein«. Der Mut und das Beispiel der *Weißen Rose* habe »vieles gut« gemacht, »was in gewissen Jahren ... gegen den Geist deutscher Freiheit gesündigt worden«[135] ist.

Es bleibt die Frage, wieso der Nationalsozialismus seine Wurzeln ausgerechnet in Bayern hat. Denn eigentlich sind die Menschen zwischen Lech und Salzach, Donau und Alpen allem Ideologischen, Missionarischen und Fanatischen abhold. Sie neigen nicht zu Extremen. Schon Analysen, Thesen und Theorien gelten als verdächtig. Und *intellektuell* ist in Bayern eher ein Schimpfwort. Deswegen hat das Land auch keine großen Denker, geschweige denn namhafte Philosophen hervorgebracht.

Womöglich liegt genau hier der Hund begraben. Die ersten Jahrzehnte des Königreichs Bayern standen im Zeichen des Aufbruchs: König Max I. Joseph gab dem Land 1818 eine der modernsten Verfassungen Europas – und schon fünf Jahre zuvor ein Strafrecht, das liberaler und humaner war als das der frühen Bundesrepublik. Der berüchtigte Paragraph 175 des deutschen Strafgesetzbuches stellte sexuelle Handlungen zwischen Männern noch bis 1994 unter Strafe. Im Königreich Bayern war ein solches Verhalten schon 1813 nicht mehr geahndet worden. König Ludwig I., der Sohn Max' I. Joseph, verwandelte das verschlafene München in ein *Isar-Athen* – in eine Kulturmetropole von europäischem Rang, in eine Weltstadt, die mit ihrer Offenheit ins ganze Land hineinstrahlte. Seine kunstpolitischen Initiativen, zu denen die Gründung der *Alten* und der *Neuen Pinakothek* gehörte, stellten München auf eine Stufe mit Wien und Paris – und machten die bayerische Haupt- und Residenzstadt zu einer attraktiven Adresse für Künstler und Studenten aus aller Herren Länder.

Ende des 19. Jahrhunderts aber büßte die bayerische Haupt- und Residenzstadt ihren Ruf als Dreh- und Angelpunkt der deutschen Avantgarde schon wieder ein. Die Innovationsfreude wich der Selbstgenügsamkeit, die kosmopolitische Aufgeschlossenheit der Provinzialität, der künstlerische Aufbruch dem reaktionären Historismus. Schnöde Geschäftemacherei, Skandale und ein wachsendes Missbehagen gegenüber der Moderne drängten sich in den Vordergrund. Nationalismus, Fremdenfeindlichkeit und Antisemitismus nahmen zu. Sogar Moral und *Sittsamkeit* spielten plötzlich wieder eine Rolle. Die Revolution im November 1918, die innerhalb weniger Stunden die 738 Jahre währende Herrschaft der Wittelsbacher hinwegfegte, stellte noch einmal eine Zäsur dar. Sie wurde zunächst von moderaten Kräften des linken Spektrums getragen. Anfang April 1919 mündete sie jedoch in eine ebenso kurzlebige wie chaotische Räterepublik nach sowjetischem Vorbild, die – unter Duldung der *SPD* in Bayern und Berlin – von antidemokratischen Freikorps und Einheiten der regulären Reichswehr brutal niedergemetzelt wurde. Mit dem Triumph über die *Roten* schlug die Stimmung endgültig nach rechts um. Der Münchner Erzbischof und Kardinal Michael von Faulhaber, ein überzeugter Monarchist, zieh die Revolution auf dem *Katholikentag* 1922 als »Untat«, »Meineid und

Hochverrat«[136] und ließ es sich nicht nehmen, in der Münchner Dreifaltigkeitskirche einen verurteilten Mörder zu trauen, der in reaktionären Kreisen höchstes Ansehen genoss: Anton von Arco auf Valley hatte am 21. Februar 1919, keine 250 Meter Luftlinie vom Traualtar entfernt, Kurt Eisner, den ersten Ministerpräsidenten des Freistaats Bayern, hinterrücks erschossen. Dass der Attentäter, wie Adolf Hitler ein gebürtiger Österreicher, mit einer überraschend milden *Festungshaft* davongekommen war, die nicht einmal fünf Jahre dauerte, hatte er Georg Neithardt zu verdanken. Der Richter am Volksgericht München stand selber dem rechtsnationalen Milieu nahe und fasste später, nach dem *Marsch auf die Feldherrnhalle*, auch den Putschisten Adolf Hitler mit Samthandschuhen an.

In der bayerischen Justiz, in der bayerischen Polizei und im bayerischen Militär herrschten damals ähnlich dumpfe Überzeugungen wie an den Stammtischen, die im virginiageschwängerten Dunst der Gaststuben und Bierkeller zum Kreuzzug gegen die Demokratie, das Parlament und die Republik bliesen. Der kulturelle Glanz des einstigen *Isar-Athens*, seine tolerante Haltung gegenüber unterschiedlichen Meinungen, seine intellektuelle Weite gehörten der Vergangenheit an. Stattdessen musste sich München gefallen lassen, »von vielen, insbesondere Berliner Linken und Liberalen, als *dümmste Stadt Deutschlands* verhöhnt zu werden«[137], so der Historiker David Clay Large.

Für jeden, der München liebt und nur zu gern der Verlockung unterliegt, die Vergangenheit der Stadt in verklärtem Licht zu sehen, ist das kaum auszuhalten. Aber in diesem Fall lagen die Berliner mit ihrer Einschätzung ganz offensichtlich richtig.

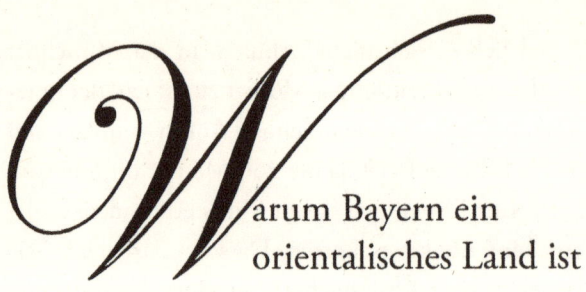

Warum Bayern ein orientalisches Land ist

Von Bayern ausgehend gibt es viele Verbindungslinien in den Orient. Der Donau kommt in diesem Zusammenhang eine besondere Bedeutung zu. Als zweitlängster Fluss Europas, der noch heute eine wichtige Wasserstraße ist, diente sie Kaufleuten und Kriegsherren jahrhundertelang als Tor zur östlichen Welt. Die Nibelungen folgten ihrem Lauf von Pförring, der alten Donauüberfuhr zwischen Ingolstadt und Kelheim, über Plattling, Regensburg und Passau bis hinunter nach Ungarn. Das Kreuzfahrerheer Friedrich Barbarossas – mit rund 15.000 Mann vermutlich das größte Kontingent, das ein einzelner Fürst zu diesem Unternehmen beisteuerte – versammelte sich im Frühjahr 1189 in Regensburg. Von dort zog es über Belgrad und Adrianopel, das heutige Edirne, bis nach Kiliken in der Südtürkei, wo der Kaiser im Flüsschen Saleph ertrank, ohne das Heilige Land erreicht zu haben.

Jahrhunderte später fuhr der bayerische Kurfürst Max Emanuel, von Wasserburg am Inn kommend, mehrfach mit Sack und Pack auf Plätten die Donau hinunter – das eine Mal mit Köchen, Lakaien, Pagen und Sekretären, um in Wien Heiratsverhandlungen mit den Habsburgern zu führen, das andere Mal mit Artilleristen, Dragonern, Infanteristen und Kürassieren, um an der Seite des Königs von Polen Wien zu entsetzen oder gemeinsam mit dem Prinzen Eugen auf ungarischem Boden Schlachten gegen die Türken zu schlagen.

In friedlicher Mission war der Münchner Orientalist und Universitätsprofessor Jakob Philipp Fallmerayer unterwegs, als er sich am 8. Juli

1840 um fünf Uhr früh in Regensburg einschiffte, um eine *Wasserfahrt nach Trapezunt* anzutreten. Sie dauerte – wenn man seine Kurzaufenthalte in Linz, Wien, in Orșova oberhalb des *Eisernen Tores*, in Galați an der unteren Donau und in Konstantinopel abzieht –»nur eilf volle Tage«[138] und endete damit, dass »die Anker auf der Rhede« vor Trabzon, der östlichsten türkischen Hafenstadt am Schwarzen Meer, fielen.

Der gebürtige Südtiroler war den Rätseln des Kaiserreichs Trapezunt auf der Spur, einem kurzlebigen Nachfolgestaat Ostroms, und wusste den wissenschaftlichen Anlass seiner Reise mit dem Angenehmen zu verbinden. In seinen *Fragmenten aus dem Orient* schwärmt er, es sei schon erstaunlich, als Kind des 19. Jahrhunderts die »600 geographische[n] Meilen« zwischen Regensburg und Trabzon »in verhältnismäßig kurzer Frist, ohne sich zu ermüden, ja gleichsam ohne Fußtritt auf festem Land, in glänzenden Prunksälen unter Mahlzeiten, Spiel und Büchern mit mäßigem Aufwande durcheilen«[139] zu können. Natürlich seien die gefährlichen »Katarakten und Stromschnellen«, die »Mauth- und Paßvisiten«[140], die »österreichischen Quarantaine-Beamten«[141] und der auf dieser »Eilfahrt«[142] unvermeidliche, siebenmalige Wechsel des Dampfboots ein einziges Ärgernis. Wenn man von diesen Unannehmlichkeiten absehe, gleiche die Wasserfahrt aber »in der That einem Feenmährchen aus Tausend und Einer Nacht.«[143]

Dass eine bayerische Prinzessin in die Dynastie der osmanischen Herrscher eingeheiratet hätte, scheiterte schon an der Konfession. Es wäre undenkbar gewesen, die Tochter eines katholischen Hauses mit einem Sultan zu verehelichen. Denn er galt als Schutzherr der islamischen Welt und hütete im Topkapı-Palast Heiligtümer, die für gläubige Muslime zu den wichtigsten Reliquien überhaupt gehören, darunter der angebliche Mantel Mohammeds, die Fahne, zwei Schwerter und mehrere Barthaare des Propheten.

Dafür machten Prinzessinnen weiß-blauer Herkunft anderswo Karriere. Gisela, älteste Tochter Herzog Heinrichs des Zänkers, ehelichte König Stephan von Ungarn und gilt als Nationalheilige der Magyaren, obwohl sie nach dem Tod ihres Gatten nach Bayern zurückkehrte und als Äbtissin des Benediktinerinnenklosters Niedernburg in Passau starb. Isabeau de Bavière, Tochter von Herzog Stephan dem Prächtigen, wurde Königin von Frankreich und Gegenspielerin der Jungfrau von Orléans. Auf sie soll die mit Recht so gerühmte *Crème bavaroise* – ein kulinarischer Höhepunkt jeder Dessertkarte – zurückgehen. Violante Beatrice, eine Schwester von Kurfürst Max Emanuel, verschaffte sich als Gouverneurin von Siena einen Ehrenplatz in der Chronik der toskanischen Kaufmannsstadt. Als lustige Witwe eines Medici, der seine Gattin unter anderem mit einem venezianischen Kastraten betrogen hatte, legte sie die Grenzen der Contraden, der senesischen Stadtviertel, fest und gab dem Palio, dem weltberühmten Pferderennen auf der Piazza del Campo, das bis heute gültige Regelwerk.

Nur eine bayerische Braut schaffte es bis zum Bosporus: Bertha von Sulzbach, eine Schwägerin des Staufer-Königs Konrads III. Ihr Vater war Graf im bayerischen Nordgau und hatte unter anderem das Augustiner-Chorherrenstift Berchtesgaden gegründet. Ihre Mutter stammte möglicherweise aus Wolfratshausen, einer oberbayerischen Flößerstadt, über der eine mächtige mittelalterliche Burg thronte. Diese Veste, die 1734 bei einer Pulverexplosion in die Luft flog, könnte das Zuhause von Berthas Großeltern mütterlicherseits gewesen sein. Nach allem, was man weiß, kam Bertha 1142 ins heutige Istanbul, um die Bande zwischen den Herrscherhäusern des Abendlandes und Ostroms enger zu knüpfen. Sie lernte griechisch, nahm den byzantinisch-orthodoxen Glauben an und wurde 1146 in der *Hagia Sophia*, der Hauptkirche des Patriarchats von Konstantinopel, mit Kaiser Manuel I. von Byzanz verheiratet. Weil sie zunächst keine Kinder gebar, bat sie Hildegard von Bingen brieflich um Rat – mit dem Erfolg, dass Bertha zwei Töchtern das Leben schenkte. Dennoch wurde die gebürtige Oberpfälzerin, die anlässlich der Krönung zur Kaiserin von Byzanz den Namen *Irene* annahm, nicht glücklich. Dass sie im oströmischen Senat das Wort ergriff und ihren Mann vertrat, wenn der im Feld stand, brachte ihr den Vorwurf ein, eine typische, schroffe Deutsche zu sein. Außerdem wurde übel vermerkt, dass sie keinen Wert darauf legte, sich zu schminken. Ihr schwerer Stand in Konstantinopel mag zur Legende geführt haben, dass sie am Ende ihres Lebens zurück in die alte Heimat gekommen und nach ihrem Tod in Kloster Kastl, südwestlich von Amberg, bestattet worden sei. Tatsächlich aber dürfte sie ihre letzte Ruhe in Konstantinopel gefunden haben – im ehrwürdigen Pantokratorkloster, das als Grablege der byzantinischen Kaiser diente, bevor es von den Osmanen in die noch heute bestehende Zeyrek-Moschee verwandelt wurde.

Männliche Angehörige der bayerischen Herrscherdynastie hatten es einfacher als die Frauen. Sie mussten nicht heiraten, um eine Legitimation zu haben, in den Orient reisen zu dürfen.

Das machte sich beispielsweise Christoph der Starke zunutze. Der kleine Bruder des regierenden bayerischen Herzogs Albrecht IV. dürfte einer der größten Abenteurer in den Reihen der Wittelsbacher gewesen sein. 1493 trat er eine Pilgerfahrt nach Jerusalem an, die er sich eigentlich gar nicht leisten konnte, weswegen er sich das Geld zusammenleihen musste, darunter 205 Gulden, umgerechnet etwa 20.000 Euro, von seinem Mundkoch Hans Gartner. Klugerweise machte er in Venedig, kurz vor der Einschiffung nach Palästina, sein Testament. Denn kaum war er nach mehrwöchiger Überfahrt in Jaffa an Land gegangen, um auf einem »kameelthier«[144] gen Jerusalem zu reiten, »seind irer mer andere arabische Schekh feindlich angeruckt«[145]. Allerdings sprengten die Orientalen »fürbaß« auseinander, als sie »wohl erkannten, ich sei nit allein zur Hand mit dem rosenkranz«[146]. Die Sache war noch einmal gutgegangen. Auch den Schlag zum Ritter vom Heiligen Grab zu Jerusalem empfing Christoph der Starke, wohl in der Grabeskirche, wie vorgesehen. Auf dem Rückweg nach Jaffa wurde seine Gruppe attackiert: »Was wollt ihr«, raunzte er die Angreifer an: »Wöllt etwan ihr unglaubig gesind einen frummen deutschen fürsten anfassen?« Furchtlos ritt er »auf sie zu, daß das roß

unter mir brach«[147]. Der tierischen Tragödie folgte das übliche Gemetzel. Christoph der Starke warf »zween stain, einen schuch lang
und hoch« und hob auf diese Weise schon einmal »die vornehmsten«
Gegner aus dem Sattel. Als er ihnen mit dem Schwert drohte, liefen
sie davon. Zwei andere, die mit Pfeilen auf ihn schießen wollten, »die
schlug ich mit zwo Streichen auseinander«. Schweißgebadet von der
Hitze des Kampfes schöpfte er mit seiner Sturmhaube Wasser aus
einer Zisterne, »und trinks begierig«. Da passierte es: »Da … überzog
mich ein ganzer Frost und was um das Herz gar beklommen, daß
ich schier vermeinte, ich hätt in mein tod getrunken und dächt es
wär aus mit mir.«[148] Auf dem Pilgerschiff, zurück Richtung Heimat,
halfen weder »Dr. Pollichius« noch der »kandierwein«, von dem er
erhofft hatte, dass er ihm »ein guts thun«[149] würde. Als im Hafen von
Rhodos der Anker fiel, damit Lebensmittel und frisches Wasser an
Bord gebracht werden konnten, war klar, dass Christoph der Starke
Bayern nie wiedersehen würde. Er starb in der Krankenstation einer
Pilgerherberge und wurde im Antoniuskloster zu Rhodos beigesetzt.

Mehr Glück hatte Ottheinrich. Der 19-jährige Fürst der Jungen
Pfalz machte sich eine Generation später auf den Weg, um die Heiligen Stätten mit eigenen Augen zu sehen. Schon in Venedig, wo er vor
der Überfahrt an der Fronleichnamsprozession teilnahm, ließ er sich
ablenken – von »hüpsch weibern, die lagen all an den fenstern unndt
sahen zu«[150]. Als es ihm endlich gelungen war, eine Passage zu ergat-
tern, fand er sich mit 180 weiteren Personen auf einem Pilgerschiff
namens Coresti wieder und war mit seiner Kammer nicht wirklich
zufrieden: »Wir hetten ein boeß stanzen«[151]. Auch die Überfahrt ließ
zu wünschen übrig. Schon kurz nach dem Ablegen geriet die Coresti in einen solchen Sturm, »daß der seegel mit eim zipfel ins meer
hing unndt sich die naven [also das Schiff] fast hinge[leg]t«[152] hätte.
Nach der Ankunft in Jaffa war Ottheinrich darüber irritiert, dass
die Erledigung der Einreiseformalitäten geschlagene sechs Tage in
Anspruch nahm. Die Türken, die Palästina kurz zuvor erobert hatten,

ließen sich offenbar Zeit. Außerdem wunderte sich Ottheinrich über den Emir, dem der Kapitän anschließend den üblichen Dankesbesuch abstattete. Der Vertreter der Besatzungsmacht saß in seinem Prunkzelt bei Ramla »auff einem leder unndt hett nix an dann ein hembdt.«[153] Die Rundreise verlief ohne Komplikationen. In der Geburtskirche von Bethlehem sah Ottheinrich »die kripff, do die selig junckfrauwe Maria ir kindlin Hiesum mitten zwuschen dem ochßen unnd dem esell nider geleggt hatt.«[154] Nur vor der Abfahrt in Jaffa gab es – wenn auch kein Gemetzel – so doch ein Handgemenge mit den *Türcken*. Sie ließen die Pilger offenbar nur gegen ein Lösegeld wieder an Bord ihrer *naven* gehen und hatten sie zuvor geschlagen »alß ob mir hundt gewesen weren«[155]. Von diesem Schrecken erholte sich Ottheinrich aber rasch – obwohl sein Schiff auf der Rückreise über Zypern, Rhodos und Korfu auch den Piraten entkommen musste, die plötzlich »bey 17 segeln«[156] am Horizont aufgetaucht waren. Am Abend des 5. Dezember 1521 traf er – nach siebeneinhalbmonatiger Aushäusigkeit – wieder in Neuburg ein.

Spätere Wittelsbacher reisten ebenfalls in den Orient. 1836 erkundete König Ludwig I. als Passagier der *Königlich Großbrittanischen Kriegs-Dampf-Fregatte Medea* die Ägäis. Seit 1832 saß sein zweitältester Sohn Otto auf dem Thron Griechenlands. Ludwig I. hatte ihn in Athen besucht, den entscheidenden Impuls zur Rettung der Akropolis gegeben und wollte sich jetzt einen persönlichen Eindruck von den historischen Schauplätzen der antiken Sagen verschaffen. Er kam bis nach Smyrna, das heutige Izmir, und nahm an den Dardanellen den Hügel Hisarlık in Augenschein, der seit 1824 als möglicher Standort Trojas galt, was Heinrich Schliemann später durch seine Grabungen bestätigte.

1838 brach Herzog Max in Bayern – kurz nach der Geburt seiner Tochter *Sisi* – zu einer Reise auf, die ihn bis Ägypten führte. Bei einer Nilfahrt kam er über Luxor bis zum zweiten Katarakt und konnte nicht widerstehen, seinen Namen mehrfach in die Steine zu ritzen – beispielsweise an der Fassade des *Großen Tempels* von Abu Simbel. Die Gegend um Gaza erinnerte ihn an die Donaulandschaft bei Regensburg. Und auf dem Sklavenmarkt zu Kairo kaufte er, wie es beim damaligen reisenden deutschen Adel üblich war, fünf Schwarze, die er mit nach Bayern brachte. Sie dürften zwischen zwölf und fünfzehn Jahre alt gewesen sein, kamen aus Äthiopien und dem Norden Kenias und wurden am Karsamstag 1839 in der Münchner Frauenkirche getauft. Sie hießen jetzt nicht mehr Bellal, Hassan, Morgan, Osman und Salim, sondern Alexander, Georg, Karl, Maximilian und Theodo und lebten fortan als Diener, Gärtner oder Chevaulegers unter dem weiß-blauen Himmel.

Kronprinz Rupprecht, der Sohn des letzten Königs von Bayern, kam – ausgerüstet mit einem Fotoapparat – sogar bis nach China, Indonesien und Japan. Und Rupprechts Tante, Therese von Bayern, brachte sich im Selbststudium elf Sprachen und die Grundlagen von Botanik, Ethnologie und Zoologie bei, um auf eigene Faust wissenschaftliche Expeditionen in ferne Weltgegenden zu machen. Sie war ganz vernarrt in ihre *Tschupi*, der Abstammung nach »ein wilder Straßenhund vom asiatischen Ufer des Bosporus«[157], publizierte über die Brasilianischen Tropen, den Polarkreis und die Kultur Nordafrikas und erwarb sich die Anerkennung der von Männern dominierten Fachwelt: Als erste Frau überhaupt wurde sie von der Münchner *Ludwig-Maximilians-Universität* mit der Ehrendoktorwürde ausgezeichnet.

Bei Johannes Aventinus heißt es, das »baierisch volk … pleibt gern dahaim und raist nit … auß in frembde land«[158]. Aber das scheint nicht ganz zu stimmen. Denn nicht nur bayerische Prinzessinnen, Herzöge und Könige gingen auf große Fahrt, sondern auch Landeskinder aus weniger prominenten Elternhäusern. Johannes Schiltberger, der vermutlich aus der Nähe von Aichach stammte, machte als Reiter im Heer des türkischen Sultans Kriegszüge mit, die ihn von Palästina über Persien bis in den Kaukasus führten – und damit in Gegenden, von denen seine Landsleute gar nicht ahnten, dass es sie gibt. Er dürfte auch zu den ersten Bayern gezählt haben, die echten Elefanten, Giraffen und Kamelen gegenüberstanden. Ulrich Schmidl, Sohn eines Straubinger Patriziers, kam mit den spanischen Konquistadoren bis in die Neue Welt, hielt seine Erlebnisse in einem Bericht mit dem Titel *Wahrhafftige Historien einer wunderbaren Schiffahrt* fest und gilt als Mitbegründer der Hauptstadt von Argentinien: »In diesem Ort haben wir eine Stadt gebauet, welche man genennet Buenas Aeres – das ist zu Teutsch: Guter Luft.«[159] Nikolaus Luckner schließlich, im oberpfälzischen Cham als Sohn eines Gastwirts, Bierbrauers und Hopfenhändlers geboren, brachte es bis zum Marschall von Frankreich. Dem vielfach ausgezeichneten Haudegen, der auch gegen die Türken gekämpft hatte, ist die *Marseillaise* gewidmet – ursprünglich ein Kriegslied für die damals von Luckner befehligte *Rheinarmee*. Dass die französische Nationalhymne täglich um fünf nach zwölf als Glockenspiel vom Dachreiter des Chamer Rathauses erklingt, ist also kein Zufall. Luckner konnte sich über seinen Ruhm jedoch nicht lange freuen. Als angeblicher Royalist endete er 1794 unter der Guillotine. Die Pariser freilich atmeten auf. Denn sie hatten ihn zeitlebens gefürchtet – schon weil sein Französisch so miserabel war.

Dabei tun sich die Bayern mit Fremdsprachen eigentlich gar nicht so schwer. Gerhard Polt zum Beispiel, aufgewachsen in Altötting und vermutlich gerade deshalb ein begnadeter Kabarettist, studierte Skandinavistik und spricht ausgezeichnet Schwedisch. Vermutlich ist den Bayern die polyglotte Begabung schon in die Wiege gelegt. Denn ihr Dialekt weist eine erstaunliche phonetische Nähe zu anderen Idiomen auf – gerade zum Französischen: *I moa scho aa* sagt man, um Zustimmung zu signalisieren, *ko scho sei*, um einen Zweifel zu formulieren. Und man lacht über den Unsinnsreim *Parlez-vous français, gschnittne Nudeln im Kaffee.* Auch das Italienische ist nicht weit vom Bairischen entfernt. Mit einem einladenden *Buonasera, hock di hera, na san ma mehra* nimmt man jedem neapolitanischen Pizzabäcker, den es in die weiß-blaue Fremde verschlagen hat, das Heimweh. Überdies kennt das Bairische zahlreiche Lehnwörter aus dem Italienischen. Mit dem *Gschpusi* (von *la sposa, die Braut*) unterhält man ein *gschlampertes*, also nichteheliches Verhältnis – und *Zamperl* (von *la zampa, die Pfote*) ist die zärtliche Bezeichnung für den nicht allzu großen, dafür aber umso treueren Hund.

Der Liedermacher und Moderator Werner Schmidbauer, der mit 21 als Surflehrer nach Kenia ging, wurde von seinen dortigen Kollegen in die Geheimnisse afrikanischer Sprachen eingeweiht und stellte fest, dass sich Suaheli »wie das Bairische durch einen wunderbaren Fluss der Vokale auszeichne«[160].

Liesl Karlstadt, die kongeniale Duopartnerin des Komikers Karl Valentin, entdeckte sogar Parallelen zwischen dem Bairischen und dem Chinesischen, die sie durch die Einspielung eines von ihr gesungenen Liedes dokumentierte: »Wann i ko, na kimm i, kimm i aber nimmi / kimmi kummi aber i kimm kam … Z' China drinna kinna Kinder mi allsam, tam, tam, tam.«[161] Vor diesem Hintergrund ist es kein Wunder, dass bayerische Jesuiten im Reich der Mitte jahrzehntelang eine herausragende Rolle spielten. Ignaz Kögler beispielsweise, in Landsberg am Lech geboren und Professor für Mathematik und Hebräisch an der Universität Ingolstadt, ging 1716 als Missionar nach China und machte dort unter dem Namen *Dài Jìnxiàn* eine steile Karriere. Er wurde Direktor des *Astronomischen Amtes*, leitete die kaiserliche Sternwarte, entwarf den noch heute gültigen chinesischen Kalender und starb im Range eines *Mandarins zweiter Klasse*.

Neben wissenschaftlichem Know-how exportierte Bayern auch Industriegüter und Waren in den Orient. Der Nürnberger Kaufmann Johann Christoph Volkamer handelte mit vergoldeten Messingblechen, die im Orient für die Dächer von Moscheen und Tempeln reißenden Absatz fanden. Die Maschinenfabrik des

Münchner Unternehmers Joseph Anton Maffei, dessen Familie aus Norditalien stammte, lieferte Dampflokomotiven für die *Anatolische Eisenbahn* sowie für die Strecke von Damaskus, der Hauptstadt Syriens, nach Hama und für die *Kaiserlich Japanische Staatsbahn*. Und das *Bayerische Hauptmünzamt*, das älteste noch bestehende – und letztlich auf Heinrich den Löwen zurückgehende – Unternehmen Münchens, prägt israelische Schekel ebenso wie aserbaidschanische Quapik und georgische Lari.

Natürlich hat die Moderne mit ihren technischen Entwicklungen die Distanz zwischen den Welten verkürzt: Ab 1890 konnte man mit dem *Orientexpress* erstmals ohne Umsteigen von München nach Konstantinopel fahren. Und am Ende des Ersten Weltkriegs war es ausgerechnet die Abteilung 304 des *1. Königlich Bayerischen Fliegerbataillons*, die – zur Unterstützung des deutschen Asien-Korps in Palästina zur Aufklärung eingesetzt – die frühesten Luftaufnahmen von den Pyramiden in Gizeh machte.

Tatsächlich aber gab es schon vor Jahrhunderten enge Beziehungen zwischen dem Orient und Bayern, die den weiß-blauen Kosmos nachhaltig geprägt haben.

So etwa wurde – entgegen anderslautender Vermutungen – das Bier nicht in Bayern erfunden, sondern im Zweistromland. Dort kannte man schon um 1800 vor Christus zwanzig unterschiedliche Sorten. Und dort verkündete König Hammurapi I. die älteste überlieferte Schankordnung der Welt. Danach war jede Priesterin, die ein Bierhaus aufsuchte oder gar eröffnete, unverzüglich dem Scheiterhaufen zu überantworten. So weit ist es in Bayern schon deshalb nicht gekommen, weil der hier jahrhundertelang vorherrschende katholische Glaube die Weihe von Frauen zu Priesterinnen gar nicht vorsieht. Dabei stammt auch das Christentum aus dem Orient. Das zeigt sich eindrucksvoll in Oberammergau, wenn sich der Geburtsort von Ludwig Thoma anlässlich der Passionsspiele alle zehn Jahre in die Heilige Stadt Jerusalem verwandelt. Aus der Alpenkette am Horizont wird das Judäische Bergland. Auf der Bühne wirbelt Wüstenstaub durch die Luft. Und gekreuzigt wird auch.

Und es geht gerade so weiter. Der ursprüngliche Stadtpatron von München hörte auf den sperrigen Namen Onuphrius, soll der Spross einer äthiopischen Fürstenfamilie gewesen sein und sein Leben als Einsiedler und Asket in Ägypten zugebracht haben. Zu Lebzeiten könnte er so ähnlich ausgesehen haben wie der gekrönte Mohr, der seit 1284 das Wappen des Bischofs von Freising ziert und in der Heraldik als *Caput Aethiopum* bezeichnet wird. Die genaue Bedeutung dieses Erkennungszeichens ist zwar ungewiss. Unbestätigte Vermutungen sehen aber einen Zusammenhang mit dem heiligen Mauritius. Der Märtyrer soll eine römische Legion angeführt haben, die aus dunkelhäutigen Ägyptern bestand, und selber ein Schwarzer gewesen sein. Aus heutiger Sicht gleicht es einer Sensation, dass er später als Schutzpatron des Heiligen Römischen Reichs – und damit als Beschützer des christlichen Abendlandes verehrt wurde.

Aus derselben Ecke wie Onuphrius und Mauritius stammt der für Bayern charakteristische Zwiebelturm. Denn die außergewöhnlichen *Welschen Hauben* der Münchner Frauenkirche, die zu Vorreitern dieser neuen Architekturmode geworden sind, sind vom Orient inspiriert. Sie kopieren die Kuppel der al-Aqsa-Moschee, die sich auf dem Tempelberg von Jerusalem erhebt und nach der Kaaba in Mekka und dem Grab Mohammeds in Medina als wichtigstes Heiligtum der islamischen Welt gilt.

Vor diesem Hintergrund erscheint es fast zwangsläufig, dass die Theologie des Ostens in Bayern einen besonderen Stellenwert hat. München ist nicht nur Sitz des evangelischen Landesbischofs und des katholischen Erzbischofs von München und Freising. In der bayerischen Landeshauptstadt residiert – neben den Rabbinern der Liberalen jüdischen Gemeinde und der Israelitischen Kultusgemeinde – auch der russisch-orthodoxe Erzbischof von Berlin und Deutschland. Die Benediktinerabtei Niederaltaich – sie zählt zu den ältesten Klöstern Bayerns und ist dem heiligen Mauritius geweiht – pflegt neben dem abendländischen auch den byzantinischen Ritus, verfügt über eine Nikolauskirche mit Ikonostase und folgt beim Stundengebet teilweise griechischen und kirchenslawischen Urtexten. In Eichstätt gibt es ein ökumenisches *Collegium Orientale*. Es gehört zum Komplex der Schutzengelkirche, die mit dunkelhäutigen Putten am Altar des Ostasienmissionars Franz Xaver verblüfft, und zielt in erster Linie auf die Ausbildung ostkirchlicher Kleriker. Allerdings steht es auch Studierenden offen, die den interkonfessionellen Austausch als Laien befördern möchten.

Als Objekt wissenschaftlicher Forschung spielt der Orient spätestens seit dem 16. Jahrhundert eine bedeutende Rolle in Bayern. Damals machte sich der Humanist und Altphilologe Johann Albrecht Widmannstetter – illegitimer Schwiegersohn Herzog Ludwigs X. von Bayern, zeitweiliger Sekretär zweier Päpste und zuletzt Superintendent der Universität Wien – einen Namen als herausragender Kenner der morgenländischen Welt. Er war mit dem Patriarchen von Konstantinopel befreundet, übersetzte den Koran ins Lateinische und gilt als Mitbegründer der Syriologie. Seine Büchersammlung, darunter fünfzig arabische und 140 hebräische Handschriften, bildete den Grundstock der Münchner Hofbibliothek, aus der die Bayerische Staatsbibliothek hervorgegangen ist. Ergänzt um die Nachlässe des italienischen Kaufmanns und Abenteurers Onorato Martucci, des französischen Arabisten Étienne Quatremère und des jüdisch-stämmigen Sinologen Karl Friedrich Neumann zählt der Prachtbau an der Münchner Ludwigstraße heute zu den führenden Zentren der europäischen Orientforschung. Er bewahrt neben den Handschriften aus Nordafrika, dem Nahen, Mittleren und Fernen Osten (die allein in 45 unterschiedlichen Sprachen verfasst sind), auch Keilschrifttafeln, Papyri, Schriftrollen, persische Lackbände, ein frühes tibetisches Werk mit dem Daumenabdruck des fünften Dalai Lama – und einen mamlukischen Koran des 14. Jahrhundert aus dem Besitz von Père Lachaise, dem Beichtvater des französischen Sonnenkönigs.

Schon 1910 hatten Orientalisten aus aller Welt den Blick gen München gerichtet. Damals öffnete auf dem ursprünglichen Messegelände oberhalb der Theresienwiese und unter Schirmherrschaft des Prinzregenten Luitpold eine spektakuläre Ausstellung mit dem Titel *Meisterwerke muhammedanischer Kunst* ihre Pforten. Sie war als Kontrapunkt zum Oktoberfest gedacht, das in jenem Jahr seinen 100. Geburtstag feierte. Denn zu dessen Publikumsmagneten zählten seit 1892 auch *Völkerschauen* – also Zurschaustellungen von Menschen aus fernen, exotischen Ländern –, die schon damals als fragwürdig galten. Außerdem war den Ausstellungsmachern daran gelegen, der Verkitschung des Orients als *Märchenbild aus 1001 Nacht* einen wissenschaftlich fundierten Blick auf die kulturelle Vielfalt der islamischen Welt entgegenzusetzen. Sie wollten unter Beweis stellen, dass »die muhammedanische Kunst in ihrer Farbenharmonie und ihrer ornamentalen Größe vor allem geeignet ist, dem modernen Kunstschaffen Anregungen zu geben«[162]. Mit ihren 3.600 Exponaten von der ägyptischen Streitaxt über maurische Glasampeln und kunstvoll verzierte Moscheeschlüssel bis hin zum Fragment eines indischen Elefantenteppichs aus dem 17. Jahrhundert gilt die Schau bis heute als größte je gezeigte Ausstellung islamischer Kunst. Tatsächlich ging auch der Wunsch der Initiatoren in Erfüllung, die Schau möge *bahnbrechend* und *wegweisend* wirken: Zu den über 100.000 Besuchern gehörten mit den Malern Wassily Kandinsky, Paul Klee, August Macke, Franz Marc und Henri Matisse führende Köpfe der modernen Malerei.

Bei Licht besehen gibt sich Bayern freilich von jeher weltläufig. Schon Ottheinrich hielt in seiner Neuburger Menagerie – neben den obligatorischen Löwen – ein afrikanisches Straußenpaar, Geißen aus der Neuen Welt und indische Mäuse. Außerdem lebten in seiner Kammer »zwen papagey« und ein »alter Affe«[163]. Kurfürst Max Emanuel träumte davon, für seine Familie das Erbe der spanischen Könige mit Besitzungen von den Philippinen bis nach Mexiko zu sichern. Die Sache scheiterte, weil der dafür vorgesehene Sohn im Alter von sechs Jahren starb. Schon zuvor hatte man das Ansinnen aufgeben müssen, Manhattan zu kaufen und auf diese Weise eine weiß-blaue Kolonie auf dem Boden des heutigen New York zu begründen. Auch Guinea entzog sich der angedachten Bajuwarisierung mit Erfolg. Dafür gilt Franz von Bayern, das derzeitige Familienoberhaupt der Wittelsbacher, als Thronprätendent des Königreichs Jerusalem. Spricht man ihn darauf an, antwortet er mit einem feinen Lächeln, davon habe er auch schon gehört. Seine Chancen auf die Regierungsübernahme stehen nicht wirklich gut. Der mittelalterliche Kreuzfahrerstaat ist 1291 untergegangen.

Dafür holte man die Welt nach Bayern. Mit seinen Geschlechtertürmen, von denen zumindest noch die Stümpfe vorhanden sind, erinnert Regensburg an das toskanische San Gimignano, wo sich die *Wolkenkratzer des Mittelalters* bis heute nahezu komplett erhalten haben. Der gewaltige Komplex des Münchner Jesuitenkollegs mit der Michaelskirche dürfte vom Escorial, der monströsen Residenz König Philipps II. von Spanien, beeinflusst sein. Der Hauptbau von Schloss Nymphenburg wurde in Anlehnung an das Turiner Jagdschloss Reggia di Venaria Reale errichtet. Und für die Badenburg im Schlosspark von Nymphenburg stand die Idee des türkischen Hamam Pate. Dem bayerischen Kurfürsten Karl Theodor und dem Amerikaner Benjamin Thompson alias Graf von Rumford verdankt München einen Chinesischen Turm. Und bei Donaustauf, hoch über dem Fluss, dient ausgerechnet ein Marmortempel nach dem Vorbild des Athener Parthenon als Pantheon deutschen Nationalstolzes. In der Walhalla, wie der riesige Prunkbau heißt, wird das Gedächtnis an allerlei Kriegshelden, Geistesgrößen und Gesellschaftsreformer wachgehalten – von Arminius, dem Cherus-

kerfürst, über Friedrich Gottlieb Klopstock bis zum Turnvater Jahn.
Ludwig I., der Bauherr, dürfte der weltläufigste aller bayerischen
Herrscher gewesen sein. Geboren in Straßburg und gestorben in
Nizza, sprach er nicht nur Französisch, Englisch und Italienisch,
sondern auch Griechisch, Russisch und Spanisch. Als glühender
Philhellene setzte er durch, dass Bayern mit Ypsilon geschrieben
wird, denn er wollte unbedingt einen griechischen Buchstaben im
Namen seines Landes haben. Mit seiner Hauptstadt stand er allerdings auf Kriegsfuß. Sie schien ihm zu wenig repräsentativ – und
zu wenig mediterran. Aber das wusste er zu ändern. Er verwandelte
München in eine Großbaustelle und ließ das Stadtbild mit Versatz-
stücken der Architekturgeschichte ausstaffieren. Die Feldherrnhalle
am Odeonsplatz ist eine Kopie der Loggia dei Lanzi in Florenz, das
Vorbild für die Propyläen am Königsplatz findet sich auf der Akropolis in Athen – und die Allerheiligen-Hofkirche geht auf die Cap-
pella Palatina zu Palermo zurück. Mit dem Griff in die Formenkiste
der abendländischen Baukunst machte sich Ludwig I. aber nicht
nur Freunde. Insbesondere jener Trakt der Münchner Residenz, den
der Monarch in Anlehnung an den Palazzo Pitti in Florenz für sich
selber hochziehen ließ, wurde gescholten – als Verballhornung und
»sehr mißlungene Nachahmung«[164] des Originals. Doch Ludwig I.
war nicht aus der Ruhe zu bringen. Er hatte sich vorgenommen,
aus München eine Stadt zu machen, »die Teutschland so zur Ehre
gereicht, daß keiner Teutschland kennet, wenn er nicht auch München gesehen hat«[165]. Den heutigen Touristenzahlen nach ist diese
Rechnung aufgegangen. Trotzdem bleibt die Frage, ob des Königs
Isar-Athen mit seinen früheren und späteren Zutaten wirklich eine
typisch bayerische Stadt ist. Schließlich wurden hier nicht nur die
griechische Antike, das sizilianisch-staufische Mittelalter und die
florentinische Renaissance abgekupfert. Auch die Bautradition des
Vereinigten Königreichs hat sich im Münchner Stadtbild nieder-
geschlagen: Die Maximilianstraße, bekrönt von der pathetischen

Kulissenarchitektur des Maximilianeums, dem Sitz des Bayerischen Landtags, zitiert die englisch-niederländische Gotik und gilt trotz des abschätzigen Diktums des konkurrierenden Baumeisters Leo von Klenze, wonach man hier ein »architektonisches Ragout«[166] besichtigen könne, als einer der prächtigsten Boulevards der bayerischen Landeshauptstadt.

Der berühmteste Bauherr Bayerns ist allerdings nicht Ludwig I., sondern dessen Enkel, Ludwig II. Den Orient, dessen Sitten und Gebräuche, liebte er besonders. Die Bauern im oberbayerischen Graswangtal in der Nähe von Ettal staunten nicht schlecht, als eines schönen Tages am Hennenkopf ein *Maurischer Kiosk* mit goldener Kuppel und vier Minarettürmchen aufgestellt wurde und wenig später, auf der Stockalpe, ein *Marokkanisches Haus*, in dem sich der Monarch mit Vorliebe Ananasbowle und Datteltörtchen servieren ließ. Schon zuvor hatte er sich in München, über den Dächern der Residenz, einen riesigen Wintergarten einrichten lassen, der sich dank eines monumentalen, mit Gaslampen hinterleuchteten Kulissenbildes in eine zauberhafte Wasserlandschaft nach dem Vorbild von Udaipur, dem *Venedig des Ostens* verwandeln ließ.

Am spektakulärsten lebte Ludwig II. seine Orientbegeisterung bei Garmisch-Partenkirchen aus. Inmitten gewaltiger Gebirgspanoramen und schneeglänzender Gipfel gab er das Königshaus auf dem Schachen in Auftrag – eine Bergresidenz, die auf den ersten Blick einem Schweizer Chalet ähnelt. Tatsächlich aber hatte der *Märchenkönig* bei der Planung die Sommerhäuser der osmanischen Oberschicht rund um den Bosporus vor Augen. Das mit Zirbenholz verkleidete Parterre ist noch vergleichsweise bescheiden eingerichtet. Doch wer über die enge Wendeltreppe ins Obergeschoss hinaufsteigt, glaubt, einer Wahnvorstellung zu erliegen. Die bunten Glasfenster des Türkischen Saals erzeugen einen Farbenrausch in Blau, Gold und Rot, der sich durch das Licht der einfallenden Sonne ins Psychedelische steigert. Kostbar bezogene

Diwane, schwere Vorhänge, flauschige Teppiche, emaillierte Vasen mit Wedeln aus Pfauen- und Straußenfedern, üppige Räuchergefäße, prunkvolle Kandelaber und ein plätschernder Springbrunnen entfalten eine Märchenpracht von orientalischer Schwüle, die jedem Besucher den Atem raubt. Man möchte meinen, sich ins Bühnenbild von Mozarts Oper *Die Entführung aus dem Serail* verirrt zu haben – wenn nicht in die geheimen Gemächer der Alhambra. Erst das Gebimmel der Kuhglocken, das Geschirrgeklapper der benachbarten Almwirtschaft und die gellenden Ermahnungen der ums Wohlergehen ihrer Gäste besorgten Bedienung (*Ram deine Haxn ausm Weg, sonst schütt i da d' Soß samt de Knedl drüber!*) rufen einem wieder ins Bewusstsein, dass man nicht im fernen Morgenland weilt, sondern im tiefsten Bayern.

Für Ludwig II. hatte allerdings auch die wildromantische Natur im Umfeld seines alpinen Refugiums einen fernöstlichen Reiz. Die zerklüftete Wettersteinwand im Süden des Schachenhauses, der jähe Felsabsturz zum Reintal im Westen, darüber die Ahnung ewigen Eises – so stellte sich der königliche Schwärmer den Himalaya vor. Alljährlich am 25. August – draußen lag zu diesem Zeitpunkt oft schon meterhoch der Schnee – feierte er auf dem Schachen seinen Geburtstag mit einer stilechten Inszenierung: In orientalische Gewänder gehüllt, pflegte er im Türkischen Saal zu lesen, »während der Troß seiner Dienerschaft, als Moslems gekleidet, auf Teppichen und Kissen herumlagerte, Tabak rauchend und Mokka schlürfend … Dabei dufteten Räucherpfannen, und wurden große Pfauenfächer durch die Luft geschwenkt, um die Illusion täuschender zu machen«[167], so die Gattin eines damaligen Hofbeamten. Zu schade, dass der phantasiebegabte *Märchenkönig* schon mit vierzig Jahren das Zeitliche segnete. Wegen leerer Kassen und seines überraschend frühen Todes kamen nämlich drei seiner Projekte nicht mehr zur Ausführung, die Ludwig II. ebenfalls vor der Kulisse der weiß-blauen Bergwelt platzieren wollte:

eine Terrassenanlage nach dem Vorbild der *Hängenden Gärten der Semiramis,* die dem Schloss Neuschwanstein eine orientalische Note gegeben hätte, ein byzantinisches Schloss samt Gotteshaus im Stil der *Hagia Sophia* zu Istanbul sowie ein chinesischer Sommerpalast, dessen Gärten sich an denen der *Verbotenen Stadt* zu Peking orientieren sollten.

Ludwig II. wurde als Schlösserbauer gefeiert. Sein gleichaltriger Cousin und Nach-Nachfolger Ludwig III. aber hieß bald nur noch *Millibauer.* Der passionierte Landwirt, der in Leutstetten bei Starnberg nicht nur ein Schloss, sondern auch ein Mustergut mit großen Ackerflächen, Milchkühen und Pferdezucht besaß, krempelte notfalls selber die Hemdsärmel hoch, um den Stall auszumisten, und hatte zunächst viele Sympathien. Zum Verhängnis wurde ihm, dass er während des Ersten Weltkriegs in großbayerischen Phantasien schwelgte und der Meinung war, die Rheinmündung müsse deutsch werden. Bis zuletzt glaubte er an den Sieg, obwohl sein Volk infolge des hohen Blutzolls und der horrenden Mangelwirtschaft längst am Boden lag. Seine Popularität – befördert durch seinen bürgerlichen Habitus, zu dem ein schlecht gewickelter Regenschirm und Ziehharmonikahosen gehörten, weshalb er auch *Ludwig der Vielfältige* hieß – war dahin. 1918 jagte ihn die Revolution aus dem Amt. Er starb 1921 bei einem Aufenthalt in Ungarn – also noch nicht wirklich im Orient, aber zumindest schon fast auf dem Balkan. Ganz böse Stimmen meinen, er sei nicht nur der letzte bayerische König gewesen, sondern der Allerletzte.

Wer gedacht hätte, dass die Monarchie in Bayern damit wirklich am Ende gewesen wäre, irrt.

Das nächste Familienoberhaupt der Wittelsbacher wird ein 1982 geborener Jurist und IT-Spezialist sein, der sich selber schlicht *Ludwig Bayern* nennt, wie König Ludwig II. ausschaut, tatsächlich aber der Ururenkel von König Ludwig III. ist und von Patrioten als künftiger *König Ludwig IV.* gehandelt wird. Dass der älteste Sohn des *Bierprinzen* Luitpold von Bayern und dessen Gattin Katharina wirklich Ambitionen auf den weiß-blauen Thron hat, ist aber eher unwahrscheinlich. Denn seine Prioritäten sind offensichtlich andere. Er steht an der Spitze des *Nymphenburger Hilfsvereins*, der beispielsweise in Albanien Straßenkinder fördert, in Rumänien ein Zentrum für notleidende Roma betreibt und in Ostafrika Wasserspeicher für die Kamel-Nomaden baut. Außerdem verbringt der Wittelsbacher-Spross einen großen Teil des Jahres als Entwicklungshelfer im Norden Kenias, wo er jungen Schwarzen digitale Techniken beibringt und notfalls in einem ausrangierten Zelt der *UNO-Flüchtlingshilfe* übernachtet.

Dass Bayern trotzdem nicht aus den Klatschspalten der Illustrierten verschwindet, dafür sorgen seit Jahrzehnten andere Royals.

In den 1960-er Jahren beherrschte Soraya Esfandiary-Bakhtiary, die Ex-Kaiserin von Persien das Münchner Gesellschaftsleben. Die von Schah Reza Pahlavi verstoßene Tochter einer Deutschen und eines Nomadenfürsten war Eigentümerin einer Villa im Herzogpark, wo einst auch Thomas Mann gelebt hatte, und fand ihre letzte Ruhe in einem unscheinbaren Grab auf dem Westfriedhof. In den 1980er Jahren kaufte sich Quabus ibn Said, der Sultan von Oman, ein Anwesen in Garmisch-Partenkirchen, um sich im Schatten der Zugspitze von der sengenden Sonne in Maskat zu erholen. Wenn er kam, dann mit einem Gefolge von bis zu 200 Familienangehörigen und Bediensteten. Er liebte Picknicks am Kochelsee. Und die Musiker seiner Leibgarde spielten beim Internationalen Militärmusikfestival im Kurpark auf.

Jüngst machte in Bayern Maha Vajiralongkorn, der König von Thailand von sich reden. Er besitzt eine Villa am Starnberger See und zeigte sich bei sommerlichen Temperaturen schon mal bauchfrei. Bayern ist wirklich ein orientalisches Land.

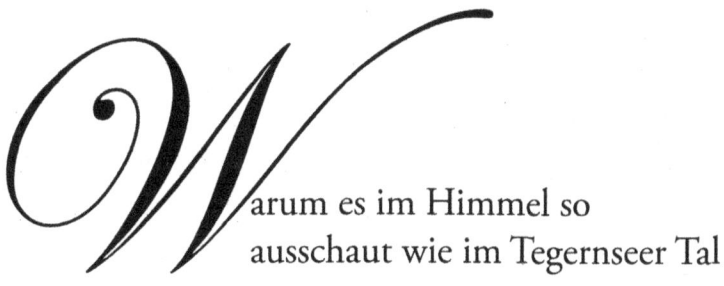

Warum es im Himmel so ausschaut wie im Tegernseer Tal

Eine große Stadt hat immer etwas Zwiespältiges an sich. So auch München. Einerseits lobt man die italienisch anmutende Atmosphäre, die Fülle historischer Bauten, das reiche Kulturleben. Weil die Isarmetropole gleichzeitig eine Hochburg knurrender Beamter, unfreundlicher Bedienungen und halbseidener Prominenter ist, gibt es aber auch Grund zur Klage. Schon König Ludwig I. ließ verlauten, ihm sei nichts verhasster als »Münchens Gesellschaft und Luft«[168]. Und der aus Niederbayern stammende Dramatiker Martin Sperr ergänzte laut der *Mittelbayerischen Zeitung*: »Überhaupt ist München eine Stadt, die man abreißen sollte«[169].

König Ludwig II. mag ähnlich gedacht haben. Er kehrte dem ungeliebten München, über dessen Straßen bereits die ersten Trambahnen rumpelten, immer häufiger den Rücken und ward oft für Monate nicht mehr gesehen. Denn er regierte am liebsten »auf freier Bergeshöhe«. »Dort oben« sei »die Seele dem Schöpfer näher« und das Leben »schöner und erhabener … als im Qualm der Städte«[170], schrieb er seiner einstigen Kinderfrau. Selbst körperlichen Aktivitäten an der frischen Luft war der junge *Märchenkönig* nicht abgeneigt. Er bestieg einen Gipfel nach dem anderen, durchmaß den Alpsee bei Hohenschwangau als ausgezeichneter Schwimmer in nur 22 Minuten und könnte der erste Mountainbiker der Geschichte gewesen sein. Zumindest wies er einen Kammerdiener an, Erkundigungen über das »Velociped« einzuholen, »das praktisch zu sein scheint«[171].

Natürlich war die Bergbegeisterung Ludwigs II. nichts anderes als galoppierender Eskapismus. Auf diese Weise entkam er der Verwandtschaft, den Ministern und seinen Zahnärzten. Auf den Geschmack dürften ihn Schriftsteller wie Ludwig Steub gebracht haben. Der frühere Regentschaftssekretär Ottos von Griechenland hatte die Juristerei an den Nagel gehängt, um zum Klassiker der Alpenschilderung zu werden und kraftvolle Sätze wie diese zu schreiben:»Heut' geht's auf d' Alm! Wonniger, freudeverkündender Ausruf, der alle belasteten Seelen ermuntert, seien sie nun in der Stadt erdrückt worden und in der Kanzleiluft halb erstickt oder unten im engen Thale an der bäuerlichen Langeweile erlahmt. Die Hoffnung, in der freien Bergluft die Sorgen der Niederung abzuschütteln und ein anderer Mensch zu werden, erquickt jedes Alter und jedes Geschlecht, das Kind am Gängelbande so gut wie den Greis am Wanderstabe, die schüchterne Feiertagsschülerin so gut wie den siegessicheren Jägerburschen.«[172]

Zuvor hatte man der Bergwelt und ihren eisbedeckten Gipfeln höchsten Respekt entgegengebracht. Das Berchtesgadener Land galt als »schrecklicher Urwald, starrend vor ewigem Frost und Schnee«, als »unwegsame Einöde voller reißender Bestien«[173]. In den Tiefen des Untersberges vermutete man das schaurige Totenheer Karls des Großen. Und an den Flanken des Wendelsteins glaubte man die Brutstatt eines furchterregenden Drachens ausfindig gemacht zu haben. Vom Karwendel bis zum Hohen Göll wimmelte es nach den Erzählungen früherer Jahrhunderte von nächtlichen Unholden, Berghexen und anderen gespenstischen Gestalten. Selbst den Mönchen von Kloster Tegernsee stand die Sorge ins Gesicht geschrieben. Sie fürchteten, der nahe Wallberg sei ein schlummernder Vulkan, der jeden Moment ausbrechen und – wie weiland der Vesuv – alles Leben im Umkreis vernichten könnte.

Inzwischen ist alles anders. Statt feuerspeiender Lindwürmer winden sich stinkende Autoschlangen durch enge Täler. Jedes zweite Wellnesshotel schaut aus wie ein zehnstöckiges Bauernhaus. Und auf den Wallberg – von dem man inzwischen weiß, dass er kein Vulkan ist – führt eine Seilbahn, die sich rühmt, seit ihrer Inbetriebnahme im Jahr 1951 mehr als fünfzehn Millionen Fahrgäste befördert zu haben.

Der aufmerksame Leser hat es bereits bemerkt: Wenn hier von *den Bergen* die Rede ist, sind immer die Alpen gemeint. Das mag die Niederbayern ebenso wurmen wie die Oberpfälzer. Denn der Bayerische Wald, an dem beide Regierungsbezirke Anteil haben, verfügt ebenfalls über eine ansehnliche Zahl veritabler Gipfel – darunter der Geißkopf, der Hennenkobel und der Kälberbuckel, der Brotjacklriegel und die Käsplatte. Vom Großen Arber, der höchsten Erhebung, kann man bei gutem Wetter angeblich sogar Prag sehen. Außerdem gibt es noch den Oberpfälzer Wald, der vom Entenbühl überragt wird. Aber all diese Gipfel kommen natürlich nicht an gegen die eindrucksvolle Majestät des teilweise hochalpinen Gebirges, das sich an der Grenze zum Salzburger Land, zu Tirol und Vorarlberg auftürmt.

Freilich, Joseph von Westphalen hat recht: Weder die Zugspitze bei Garmisch-Partenkirchen noch der Watzmann bei Berchtesgaden erreichen die Dreitausendermarke, »aber diese kleine nationale Erektionsschwäche ist verschmerzbar«[174]. Denn die Berge haben das Land trotzdem geprägt. Inzwischen glaubt vermutlich die halbe Republik, ganz Bayern sei »voller Alpen, die Alpen voller Almen, die Almen voller Sennerinnen und diese voller Unschuld«[175], wie Walter von Cube, der damalige Hörfunkdirektor des *Bayerischen Rundfunks*, 1962 notierte. Tatsächlich aber ist der Satz *Auf der Alm, da gibt's koa Sünd* nicht haltbar. Dem Vernehmen nach schlug sogar Max II., der Vater des *Märchenkönigs*, bei seinen Wanderungen und Ausritten am Alpensaum über die Stränge. Drei Kinder der Schiffer-Cathy, die aufgrund ihrer Schönheit eine Stellung als Rudermädchen auf dem Königssee innehatte, sollen von seiner Majestät stammen. War es vor diesem Hintergrund ein Akt später Rache, dass Königin Marie, die bergsteigerisch ambitionierte und zu diesem Behufe nicht einmal vor Beinkleidern zurückschreckende Gattin Max' II., mit dem *Frühmesser*[176] Johann Georg Lechleitner von Elbigenalp im schönen Lechtal Bande knüpfte, welche sich nach Überzeugung eingeweihter Kreise nicht im gemeinsamen Abhalten religiöser Übungen erschöpften?

Die Lage am Nordrand der Alpen hat jedenfalls auch ihre Nachteile. Zu denen gehört der Föhn – ein von Süden kommender, warmer und trockener Fallwind, der die Gebirgstäler hinunterbläst, den Schnee von den Hängen schleckt und durch das Voralpenland orgelt, als sei er volltrunken. Sensibleren Naturen kann er ziemlich zu schaffen machen. Der *Sunnen-* oder *Etschwind*, wie er da und dort auch heißt, bringt nämlich gern den Kreislauf aus dem Takt und lässt den Kopf schwer werden. Heinrich Heine lamentierte: »Das Clima hier tödtet mich, sonst aber gefällt es mir gut«[177]. Freilich, es ist wunderbar, dank der stupenden Fernsicht, die der Föhn mit sich bringt, selbst von Passau, Regensburg oder Ingolstadt jedes Gipfelkreuz der 120 bis 150 Kilometer entfernten Alpenkette erkennen zu können. Das für Deutschland einzigartige Wetterphänomen wird allerdings auch für all jenes verantwortlich gemacht, was schiefgeht zwischen Lech und Salzach. Wenn Schauspieler bayerischer Staatstheater ihren Text vergessen, Kirchenchöre falsch singen oder Gebirgsschützen danebenschießen, ist der Föhn schuld. Auch das Ende der Monarchie, Stimmenverluste der *CSU* und einbrechende Verkaufszahlen bei *BMW* werden ihm angelastet. Außerdem verursacht der Föhn eine ganz spezielle Ausprägung bayerischer Wesensart: den *Grant*. Aus dieser Form der Misslaunigkeit, die über Tage anhalten kann, entsteht in Kombination mit dem stammestypischen Gerechtigkeitsempfinden nicht selten eine weit gefährlichere Eigenschaft: die Renitenz.

In der Tat war das Duckmäusertum noch nie eine weiß-blaue Tugend. Wo flatterte zum ersten Mal die schwarz-rot-goldene Fahne, das

Kampfbanner der bürgerlichen Revolution? Im Königreich Bayern. Denn die Schlossruine oberhalb von Neustadt an der Weinstraße, die 1832 zum Schauplatz des Hambacher Festes und damit zur Wiege der deutschen Demokratie und der europäischen Einigung wurde, gehörte damals zum bayerischen Teil der Pfalz. Wo erschien der *Simplicissimus*, die führende satirische Wochenzeitschrift Deutschlands, die in bis dahin unbekannter Schärfe Kaiser und Klerus, Politik und Gesellschaft, die Beamten und das Militär auf die Schippe nahm? Im München der Prinzregentenzeit! Und wo wurde der *Blaue Reiter* gegründet, eine Künstlervereinigung, die sich mit trotzigem Selbstbewusstsein der Gegenständlichkeit widersetzte und die abstrakte Malerei als Kind der Zukunft feierte? Am Kaffeetisch von Franz Marcs Gartenlaube im oberbayerischen Sindelsdorf!

Renitent zeigte sich auch Ludwig Thoma. Seinen ungemein populären Schwank *Ein Münchner im Himmel* beendete er 1911 mit dem aus Sicht von *FDP*, *Grünen* und *SPD* noch immer zutreffenden Satz, die bayerische Regierung warte bis »heute ...vergeblich auf die göttliche Eingebung«[178]. Dafür wurde er zu einer Geldstrafe verurteilt. Dabei sind die Spitzen der weiß-blauen Politik selber nicht frei von renitenten Anwandlungen: Die Wittelsbacher haben, wiewohl die Abschaffung der Monarchie inzwischen über hundert Jahre zurückliegt, immer noch nicht abgedankt. Dem Grundgesetz der Bundesrepublik Deutschland, dessen Entwurf immerhin auf der Insel Herrenchiemsee skizziert wurde, fehlt bis heute die Zustimmung Bayerns. Und die *CSU* von heute wirft in ihrem »hemmungslosen Pragmatismus«[179] jahrzehntelang verteidigte Moralvorstellungen von vorgestern über Bord, überholt damit einen Teil ihrer Wählerschaft links und gibt mit ihren ökologischen Initiativen Anlass zur Befürchtung, dass den Grünen in Bayern die Luft ausgehen könnte.

Das *Scharfrichterhaus*, eine der namhaftesten Talentschmieden des deutschen Kabaretts, steht also nicht zufällig in Bayern – genauer: in der Dreiflüssestadt Passau. Es ist auch kein Wunder, dass Lothar-Günther Buchheim, wiewohl in Weimar geboren und somit ein *Zuagroaster*, als Bilderbuchbayer vereinnahmt wurde. Der medienpräsente Autor, Maler und Fotograf, berühmt geworden durch die Verfilmung seines Romans *Das Boot*, wirkte schon wegen seiner Augenklappe, die er infolge einer missglückten Operation trug, äußerst verwegen und war dank seines kantigen Wesens als *Poltergeist von Feldafing* gefürchtet. Berserkerhaft kämpfte er darum, seine einzigartige Kunstsammlung, die heute im *Buchheim Museum* in Bernried zu sehen ist, der Öffentlichkeit zugänglich zu machen. Gerade dadurch aber erwarb er sich Respekt. Mit der Zuschreibung *A Hund is er scho!* erhielt er die höchste Auszeichnung, die es in Bayern überhaupt gibt – und das, obwohl diese Form der Ehrung eigentlich Einheimischen vorbehalten ist, die zur Legende geworden sind, etwa der Wildschütz Jennerwein, der Räuber Kneißl oder Franz Josef Strauß.

Genaugenommen machen Aufsässigkeit, Widerspruchsgeist und Schlitzohrigkeit Bayern überhaupt erst aus. Aus diesem Grund erfreuen sich auch das *Dablecka*, wie es beim Salvator-Anstich auf dem Münchner Nockherberg gepflegt wird, oder das *Frotzeln*, mit dem man seine Schlagfertigkeit im kleineren Kreis trainiert, allergrößter Beliebtheit. Dazu gehört, dass man erst einmal falsche Fährten legt. So könnte ein unbefangener Beobachter meinen, in Bayern gäbe es noch immer einen Adel. Insbesondere bei Staatsempfängen wimmelt es bis heute von *Königlichen Hoheiten*, unter denen sich – wenn der Vater habsburgischer Abstammung ist – womöglich sogar eine *Kaiserliche Hoheit* tummelt. Außerdem gibt es in weiß-blauen Landen Herrschaften mit einem *von* im Namen, die von ihren Mitarbeitern allen Ernstes erwarten, selbst im 21. Jahrhundert noch mit *Durchlaucht* angesprochen zu werden. Früher war es noch schlimmer. So berichtet Johann Kaspar Riesbeck in seinen *Briefen eines reisenden* Franzosen über das München des ausgehenden 18. Jahrhunderts: »Der kleine Adel und die ... Hofbedienten schleppen sich mit einer erbärmlichen Titelsucht«. Bevor mit Kurfürst Max III. Joseph der letzte Kurfürst aus der Linie der bayerischen Wittelsbacher gestorben sei, habe es an der Isar »von Exzellenzen, gnädigen und gestrengen Herren« nur so gewimmelt. »Das lächerliche der Titulatur fiel ... auf, weil sie zu Mannheim«, woher der neue Kurfürst, der pfälzische Wittelsbacher Karl Theodor kam, »nicht üblich war. Es erschien eine Verordnung[,] welche deutlich bestimmte, wer Exzellenz, Euer Gnaden, und Euer Gestrengen heissen sollte. Die, welche durch diese Verordnung entexzellenzt und entgnädigt wurden, und besonders die Weiber derselben, wollten verzweifeln.«[180]

Den aufgeklärten Bayern ist der Byzantinismus allerdings ebenso fremd wie die Rolle fußfälliger *Hermelinmotten*. Folgerichtig waren die weiß-blauen Landeskinder die ersten im Deutschen Reich, die sich ihres Königs entledigten. Das hat sich zwar noch nicht bis zum *Bayerischen Rundfunk* herumgesprochen: Der Sender *BR Heimat* strahlt die *Bayernhymne* bis heute mit dem Text von 1860/61 aus, in dem Gottes Segen für den »Bayer-König« und sein »Geschlecht«[181] erbeten wird. Tatsächlich aber wurde in der nebligen Revolutionsnacht des Jahres 1918 der *Freistaat* ausgerufen – und damit eine Republik, die *frei von Monarchie* auf demokratischen Prinzipien fußt.

Keine zwei Monate später war der Adel auch offiziell abgeschafft. Das *Staatsgrundgesetz der Republik Bayern*, erklärte unter Punkt 11: »Alle Vorrechte der Geburt und des Adels, sowie Titel, die keine Berufsbezeichnung sind, werden aufgehoben.«[182] Aufgrund einer namensrechtlichen Caprice ist es ehemaligen adeligen Familien in Deutschland zwar weiterhin erlaubt, ihre einstigen Titel als Bestandteil des Nachnamens aufzuführen. Deshalb gibt es noch immer Herrschaften, die *Prinz von Bayern*, *Gräfin von Preysing* oder *Freiherr von und zu Guttenberg* heißen. Allerdings sind sie keine Prinzen, Gräfinnen oder Freiherrn mehr. Das erspart jede

Menge Ärger. Die Zeiten, in denen sich ein fränkischer Reichsritter gegenüber einem bayerischen Grafen überlegen fühlen konnte, weil es Letzterer – trotz des höheren Rangs – »höchstens zu einer Hofschranze in München geschafft« hatte, sind vorbei. Dass die Nachkommenschaft von einst adeligen Familien heute keinen größeren gesellschaftlichen Einfluss hat als der Rest der Bevölkerung, muss man ebenso wenig bedauern. Denn trotz der hochwohlgeborenen Herkunft sei der übliche Adelsabkömmling »wirklich nicht berühmt für seine intellektuellen Gaben«, spottet Sebastian Freiherr von Rotenhan: »In unseren Kreisen gilt: Wer die Zeitschrift *Wild und Hund* [ein Jagdmagazin] abonniert hat, ist schon ein Bücherwurm.«[183] Die Gabe der kritischen Selbstreflexion stünde auch der bizarren Regensburger Erscheinung namens Gloria von Thurn und Taxis gut zu Gesicht. Die gebürtige Stuttgarterin lässt sich gern mit *Frau Fürstin* anreden, provoziert mit steilen gesellschaftspolitischen Thesen (»Der Schwarze schnackselt gern.«[184] »Ein Mann, der aufräumt, ist schwul.«[185]) und erweckt mit ihren konservativen Glaubenssätzen den Eindruck, Rom rechts überholen zu wollen. Außerdem scheint sie eine gewisse Schwäche für zwielichtige Gestalten aus Politik und Kirche zu haben. Gegenüber dem *Bayerischen Rundfunk* gab sie zu Protokoll: »Die einzigen beiden Menschen auf der Welt, die uns heute Klarheit geben, sind Donald Trump und Gerhard Ludwig Müller[186]. Ich gehe sogar so weit zu sagen, dass Gerhard Ludwig Müller der Donald Trump der katholischen Kirche ist.«[187] Damit kommt die selbsternannte Stellvertreterin der Muttergottes auf Erden aber nicht überall gut an. Ihre Gegner sprechen von der Fürstin »Tut und Taugt Nichts«[188], der man »einen Zacken aus der Krone brechen« und ein »lebenslanges Redeverbot (alternativ: Schweigegelübde)« auferlegen sollte. Dabei hat es die solchermaßen Gescholtene doch mindestens auf dem Feld der Selbstinszenierung mit großem Fleiß zu echter Könnerschaft gebracht – unter anderem als Mitherausgeberin einer

Publikation über *Die Welt der guten Sitten*. Aber nicht einmal das wollen ihre Gegner gelten lassen: Das Buch wird als »Meisterwerk der Überflüssigkeit«[189] verrissen.

Die arme Gloria hat es wirklich schwer – zumal Bayern, auch das ist eine Folge der landestypischen Renitenz, nie so katholisch war, wie man manchmal glauben möchte. Ludwig II. beispielsweise versuchte die Dogmatisierung der Unfehlbarkeit des Papstes mit allen diplomatischen Mitteln zu verhindern – bekanntermaßen ohne Erfolg. Trotzdem blieb er im Schoß der Kirche. Andere taten das nicht. Ottheinrich, ab 1521 Herr über die *Junge Pfalz* und damit über Gegenden, die heute den nordwestlichen Zipfel Oberbayerns bilden, sagte sich los, reformierte sein Fürstentum und errichtete mit der Schlosskapelle von Neuburg an der Donau das erste protestantische Gotteshaus der Welt. Auch die Gegend um Miesbach und den Schliersee – als *Reichsgrafschaft Hohenwaldeck* bis 1803 ein von Bayern unabhängiges Territorium – war im 16. Jahrhundert eine Trutzburg der Evangelischen. Die Rekatholisierung der Aufmüpfigen, darunter ein Chorherr des Augustinerstifts Weyarn, der sich eine Konkubine angelacht hatte, gelang letzten Endes nur mit Hilfe militärischer Gewalt und einer Handelssperre. Sogar in München, das später als *Deutsches Rom* tituliert wurde, fanden die Thesen Martin Luthers Anklang. Bäckersknechte und Messerschmiede liebäugelten mit der *neuen Lehr'*, Patrizier und Angehörige des bayerischen Herzogshauses – ja sogar die Brüder des Franziskanerklosters beim Kosttor. Der Jesuit Petrus Canisius schäumte, München sei »eine von Ketzern verdorbene Stadt«[190].

In Regensburg, wo Gloria von Thurn und Taxis mit der ehemaligen Benediktinerabtei St. Emmeram ein Schloss bewohnt, das größer ist als Buckingham Palace, war es nicht besser. 1582 weigerten sich die Bürger, das Schaltjahr einzuführen. Denn diese Neuerung galt als *Erfindung* von Papst Gregor XIII. Der *Pontifex maximus* hatte mit der Bulle *Inter gravissimas* die Ablösung des *Julianischen* durch den *Gregorianischen Kalender* dekretiert, um das Sonnenjahr und das Kalenderjahr in größere Übereinstimmung zu bringen und zu verhindern, dass Weihnachten irgendwann in den Hochsommer fällt. Wissenschaftlich gab es an dieser Reform nicht das Geringste auszusetzen. Im Gegenteil. Dass diese Initiative vom Oberhaupt der katholischen Kirche angestoßen worden war, genügte allerdings schon, dass ihr die damals protestantischen Reichsstädter keinesfalls folgen wollten. Bis 1660 hielten die Regensburger ihre ablehnende Haltung durch.

In München war es anders herum. Die bayerischen Könige fügten sich in ihr Schicksal – zumindest »zähneknirschend«. Sie waren zwar ohne Ausnahme katholisch. Als Staatsoberhaupt kam ihnen aber das Amt des *Summus Episcopus*, des *höchsten Bischofs* der evangelischen Landeskirche zu, dem sie irgendwie gerecht werden mussten. Dabei wäre insbesondere Ludwig I. vermutlich viel lieber »*Summus Episcopus* der katholischen Kirche in seinem Königreich gewesen«[191], mutmaßt der Historiker Hermann Rumschöttel. Das aber blieb dem Großvater des *Märchenkönigs* verwehrt. Er mag sich damit getröstet haben, dass er sich wenigstens seine Braut – entgegen den damals üblichen Gepflogenheiten – selber hatte aussuchen dürfen. Dass seine Wahl ausgerechnet auf die evangelische Prinzessin Therese von Sachsen-Hildburghausen fiel, obwohl er doch schon eine evangelische Stiefmutter hatte, spricht für ihn und offenbart eine weitere Auffälligkeit in der Konfessionsgeschichte Bayerns: Von den vier bayerischen Königinnen zwischen 1806 und 1918 waren drei evangelisch. Dass die dritte und letzte von ihnen, die Mutter des *Märchenkönigs*, am Ende zu den Katholiken überlief, ist ihr nicht zu verdenken. Denn in Sachen Sinnlichkeit ist der bayerische Katholizismus einfach unschlagbar. Im reliquientrunkenen Oberbayern hat man über die Jahrhunderte ein regelrechtes Kuriositätenkabinett wunderlicher *Heiltümer* zusammengesammelt – darunter einen Ast vom Baum des Paradieses, den Betschemel der heiligen Anna, einen Tropfen von der Muttermilch der Jungfrau Maria, Weihrauchkörner aus dem Besitz der Heiligen Drei Könige, das abgetrennte Ärmchen von einem unschuldigen Kindlein zu Bethlehem, das Tischtuch der Hochzeit zu Kanaa, die Dornenkrone Christi und das Messgewand des heiligen Petrus. In Niederbayern, das mit dem Bogenberg bei Straubing eine Pilgerstätte besitzt, die dem Himmel nach jüngsten geologischen Forschungen jedes Jahr um ein paar Millimeter entgegenwächst, gilt noch immer das Wort des Chronisten Johannes Aventinus, wonach das bayerische Volk »geistlich« sei und gern auf »kirchfart«[192] gehe. Angeblich wird zwischen Riedenburg und Hauzenberg, Viechtach und Simbach, wo die *Gnadenorte* erstaunlich dicht gesät sind, so viel gewallt wie nirgendwo sonst in der christlichen Welt. Auch die Zahl der Gotteshäuser ist beachtlich. »In Baiern und der obern Pfalz sind 28.709 Kirchen und Kapellen, welche Menge in gar keiner Proportion zu der Anzahl der Oerter und der Bevölkerung ist«, wunderte sich Friedrich Nicolai: »Alle Einwohner ergeben sich auf eine übermäßige Weise den mechanischen Andachtsübungen. Bruderschaften, Processionen … Litaneyen, Gnadenbilder, Amulete, Ignazibleche, Skapuliere, geweihte Lichter und was der Fratzen mehr sind, werden von allen Ständen äußerst hoch gehalten.«[193]

Von 1784 bis 1934 hatte der Heilige Stuhl sogar eine eigene Gesandtschaft in der bayerischen Landeshauptstadt. Und noch heute sagt man in Bayern *Grüß Gott* statt *Guten Tag* – selbst wenn man der Kirche den Rücken gekehrt hat, was immer häufiger vorkommt: 2019 verzeichnete das Erzbistum München-Freising bundesweit die meisten Austritte.

Am Abend des 19. April 2005, nach der Wahl Joseph Ratzingers zum Nachfolger des Apostels Petrus, konnte Bayern zwar – mit noch größerem Recht als Deutschland – »Wir sind Papst!«[194] rufen. Die Begeisterung hielt aber nicht lang an, erst recht nicht beim bayerischen Klerus, der schon auf das *Habemus Papam* merkwürdig verhalten reagiert hatte. Joseph Ratzinger galt wegen seiner klaren, poetischen Sprache zwar als *Mozart der Theologie*. Es war auch nicht vergessen, dass er nach dem Zweiten Vatikanischen Konzil, an dem er als Berater teilgenommen hatte, als Reformer und Mann der Zukunft wahrgenommen worden war, der einen engen kollegialen Austausch mit Hans Küng pflegte, der an der Seite von Karl Rahner und anderen den Zölibat in Frage stellte, der gerade die fortschrittlichen Theologiestudenten hinter sich versammelte. Dann aber war der große Bruch gekommen. Als Erzbischof von München und Freising schien Joseph Ratzinger längst wieder zurückgefallen in den engen Herrgottswinkel seiner Kinderstube, die sich – kaum fünfzehn Kilometer nordöstlich von Altötting – im ehemals kurfürstlich-bayerischen Richter- und Mauthaus von Marktl am Inn befunden hatte. Der *Panzerkardinal*, wie er nach seiner Ernennung zum Präfekten der Glaubenskongregation in Rom zuweilen genannt wurde, legte eine Rigorosität und Herzensenge an den Tag, die man in weiß-blauen Landen nicht kennt, weswegen die Frage im Raum stand, ob es sein kann, dass er wirklich ein Bayer ist. Die sprichwörtliche *Liberalitas Bavarica*, die nach dem Dafürhalten der Einheimischen als *leben und leben lassen* ihren besten Ausdruck findet, schien ihm jedenfalls zu fehlen. Außerdem wurde spätestens jetzt klar, dass er kein Seelsorger war, sondern ein Gelehrter, dass er also zu den *Intellektuellen* gehörte, einer Spezies, die dem klassischen Bayern bekanntermaßen schon immer verdächtig vorkommt. Jedenfalls wäre Joseph Ratzinger kaum zuzutrauen gewesen, dass er – wie sein Nachfolger Franziskus – in einem Konfliktfall dazu geraten hätte, den Kontrahenten »auf ein Bier einzuladen, als Bruder mit ihm zu reden und eine Lösung für das Problem zu finden«[195].

Als *Pontifex maximus*, der seine Sicht der Dinge in Enzykliken darlegt, eckte er an, weil seine Ausführungen zunehmend lebens- und weltfremd wirkten. Selbst von einem Ordensmann konnte man damals hören, er lese lieber eine Seite von Karl Valentin als das Gesamtwerk von Joseph Ratzinger. Denn da stecke mehr Menschenkenntnis drin.

Außerdem erregte Benedikt XVI. mit seiner auffällig gefärbten Fußbekleidung apokalyptische Besorgnis. Denn in den zwei oder drei rußgeschwärzten Bauernstuben, die es in der Gegend rund um den Ammersee noch gibt, heißt es bis heute, das Ende aller Tage stünde vor der Tür, wenn die Leute Geschmack daran fänden, rote Schuhe zu tragen.

Dabei zeigte sich Joseph Ratzinger gerade hinsichtlich seiner modischen Vorlieben, mit denen er sich deutlich von den sackartigen Paramenten und zerbeulten Straßenanzügen des deutschen Episkopats abhob, als Freund barocker Opulenz – und damit als waschechter Bayer. Seine prächtig bestickten, in allen Farben leuchtenden Messgewänder und Rauchmäntel lieferten sich einen Wettbewerb mit den schönsten Dirndln, die in Bayern an den hohen Feiertagen für den Kirchgang aus den Schränken geholt wurden. Allerdings konnte sich Joseph Ratzinger bei der Wahl seiner Garderobe immer auf historische Traditionen berufen: Feine, feuerrote Kalbslederschuhe zeichneten ihren Träger schon in der Antike als hochrangige Amtsperson aus. Und der aus rotem Samt geformte, mit Hermelin gefütterte *Camauro*, mit dem sich Benedikt XVI. eines Tages vor der winterlichen Kälte auf dem Petersplatz schützte, mochte wirken wie eine Nikolausmütze. Wahrscheinlich aber geht diese papale Kopfbedeckung, die auch von Johannes XXIII. gern getragen worden war, auf das *Kamelaukion* zurück, eine perlen- und edelsteinverzierte Haube, die den Kaisern von Byzanz als Krone diente. Die Freude Joseph Ratzingers am *Maschkeragehen* täuschte freilich nie darüber hinweg, dass er die Reinheit der Lehre, so wie er sie verstand, mit heiligem Ernst verteidigte.

Dabei ist der bayerische Katholizismus erfreulich konziliant. Er beruht auf dem Grundsatz *Zum Beichten braucht's a Sünd*, weswegen alles erlaubt ist – solang der Untat eine halbwegs überzeugende Buße folgt.

Zu den Nutznießern dieser Regelung zählte unter anderem Herzog Ludwig II., einer der frühen Wittelsbacher. Er war noch keine eineinhalb Jahre mit Maria von Brabant verheiratet und auf einem Kriegszug in der Pfalz, als er dem irrigen Glauben unterlag, seine Gattin, die sich auf Burg Mangoldstein bei Donauwörth nach im verzehrte, habe ihn betrogen. Er geriet in rasenden Zorn, ritt – von flammender Eifersucht getrieben – nach Bayern zurück, hetzte bei dieser Gelegenheit drei Pferde zu Tode und kam in der Nacht vom 17. auf den 18. Januar 1256 völlig außer Atem in Donauwörth an. Mit gezogenem Schwert stürmte er durch die finsteren Gänge der Burg, streckte den Burgvogt nieder, der ihm todesmutig entgegentrat, durchbohrte die Kammerzofe, die ihre Herrin warnen wollte, trat die Tür zum Gemach seiner Gattin ein und hieb ihr in wittelsbachischem Furor den hübschen Kopf von den schmalen Schultern. Dann stieß er auch noch vier ihrer Begleiterinnen von des Turmes Zinnen – wobei die Zahl der Gemeuchelten mit der Zahl zeitgenössischer Berichte, die dieses Massaker schilderten, stieg und stieg. Am Ende erkannte er jedenfalls, wie vom Schlag getroffen, dass das Ganze eine fatale Kette fürstlicher Fehleinschätzungen und falscher Entscheidungen war: »Noch in dieser Nacht der Gräuel und des Jammers … erhielt der Herzog überzeugende Beweise von der Unschuld seiner Gemahlin: – da brach seine angebliche Kraft zusammen, und Mark und Bein wurden ihm durch Gewissensangst so furchtbar erschüttert, daß der erst siebenundzwanzigjährige braungelockte Mann am anderen Morgen … mit ganz ergrautem Haupthaare hervorging. … Als Zeichen der Reue erbaute Herzog Ludwig hierauf das Kloster Fürstenfeld«[196] vor den Toren der heutigen Kreisstadt Fürstenfeldbruck. Damit war die Sache erledigt. Als Wermutstropfen bleibt, dass dieser Herzog – trotz aller Läuterung – seither mit dem Beinamen *der Strenge* durch die Annalen geistert.

Auch mit der Askese nimmt es das katholische Bayern nicht so genau. Zur Legitimation dieser Form des *Laissez-faire* kann es sich sogar auf den Mönchsvater Benedikt berufen. Denn der Ordens-

gründer, dessen Regel noch heute den Alltag in Klöstern wie An-
dechs, Ettal, Frauenchiemsee, Metten oder Weltenburg bestimmt,
»plädierte für gemäßigten Genuss«[197] und bewies einen menschen-
freundlichen Pragmatismus: »Zwar lesen wir«, schreibt er im Kapitel über das »Maß des Getränkes«, »der Wein sei überhaupt nichts
für Mönche, da man aber die Mönche unserer Zeit nicht davon
überzeugen kann, sollten wir uns wenigstens dazu verstehen, nicht
bis zur Sättigung zu trinken«. Deshalb möge »eine Hemina Wein« –
ein römischer *Becher*, der etwas mehr als ein klassisches Viertel fasst
– »für jeden täglich reichen«[198]. Ohne Sinnenlust wäre das Leben
schließlich kaum zu ertragen.

Auch das Spektakel gehört dazu: »Grosse und überflüssige hochzeit, totenmal und kirchtag haben, ist erlich und unsträflich, raicht
kainem zu nachtail, kumpt kainem zu übel«[199], beobachtete schon
Johannes Aventinus.

Sogar dem Tod sieht man gelassen ins Auge – schon deshalb,
weil er südlich der Donau *Boandlkramer*[200] heißt und sich beim
Kirschgeist durchaus das eine oder andere Jahr abhandeln lässt.
Und wenn es einmal so weit sein sollte: Ein Erdenbürger, der im
Land der weiß-blauen Rauten leben durfte, wird sich im Himmel
wie zu Hause fühlen. Denn dort – das ahnt man, seit der Münchner
Mineraloge und Schriftsteller Franz von Kobell seine *G'schicht' von'
Brandner-Kasper*[201] veröffentlicht hat – schaut es aus wie im Tegern-
seer Tal: Vor der gewaltigen Kulisse schneebedeckter Berge ragen
Zwiebeltürme in die Höhe, statt Manna gibt es üppige Portionen
Schweinshaxn – und die feschen, zitherspielenden Engel tragen
kurze Lederhosen. Dass Petrus, der Himmelspförtner, auch noch
bairisch spricht, lässt keinen Zweifel zu: Das muss das Paradies sein.

Anmerkungen

1   Schalom Ben-Chorin: *Jugend an der Isar*, Taschenbuchausgabe, München 1988, S. 189

2   Vgl. Interview von Conny Neumann und Dietmar Pieper mit Bruno Jonas und Django Asül, in: *Der Spiegel*, 24.09.2007

3   Der Textvorschlag stammt von den damaligen Schülern Tatjana Sommerfeld, Benedikt Kreisel und Muhammad Agca. Sie wurden am 01.12.2012 im Münchner Prinzregententheater mit dem *Verfassungspreis Jugend für Bayern* geehrt. Den Preis vergab die *Bayerische Einigung/Bayerische Volksstiftung*, die auch den Schüler-Wettbewerb um die dritte Strophe der *Bayernhymne* initiiert hatte. Der Textvorschlag ist hier zitiert nach dem Textblatt, hg. von der Bayerischen Einigung/Bayerische Volksstiftung

4   Vgl. Otto von Freising: *Chronica sive Historia de duabus civitatibus*, Buch VI, Kapitel 20; zusammengefasst nach Otto von Freising: *Chronik oder Die Geschichte der zwei Staaten*, hg. von Walther Lammers, übersetzt von Adolf Schmidt, Darmstadt 1980, S. 462ff; im lateinischen Original lautet die Passage: »Ex huius origine [damit meint Otto die Wittelsbacher] cum multi hactenus tyranni surrexerint, Otto palatinus comes, perfidi et iniqui patris haut dissimilis heres, omnes priores malicia supergrediens ecclesiam Dei usque in presentem diem persequi non desistit. Sic enim mirabile dictu, quo divino iudicio nescio, pene tota illa posteritas in reprobum sensum tradita est, ut vel nulli vel pauci utriusque sexus, cuiuscumque professionis seu ordinis, ex ea inveniantur, quin vel aperta tyrannide deseviant vel omnino infatuati ad omnem tam ecclesiasticum quam secularem honorem indigni furtis et latrociniis inservientes miseram vitam mendicando transigant.«

5   Karl Friedrich von Klöden: *Diplomatische Geschichte des für falsch erklärten Markgrafen Waldemar von Brandenburg*, Bd. 4, *Vom Jahre 1345-1356 – 2. Theil*, Berlin 1845, S. 277

6   *Sittenpolizeiliche Verordnung* Andreas Hofers, Innsbruck, 10.09.1809; zitiert in Anlehnung an das abgebildete Original bei Meinrad Pizzinini: *Andreas Hofer – Seine Zeit, sein Leben, sein Mythos*, Innsbruck 2008, S. 207

7   Zitiert nach Carl Lorens: *Der alte Steffel! – 2. Theil des Wiener-Original-Liedes ›Die Wiener Gemüthlichkeit stirbt niemals aus‹, verfaßt und gesungen vom Komiker C. Lorens*, Wien o. J.

8   Zitiert nach Michl Huber: *So lang der alte Peter, der Petersthurm no steht*, München o. J.

9   Robert Schumann an seine Verwandten in Zwickau, Wien 10.10.1838, zitiert nach Wilhelm Joseph von Wasielewski: *Robert Schumann – Eine Biographie*, Dresden 1858, S. 174

10 Originaltext im *Gesetz- und Verordnungs-Blatt für den Freistaat Bayern*, Nr. 58 vom 15.09.1919

11 Zitiert nach Renate Baumgärtel-Fleischmann (Hg.): *Bamberg wird bayerisch –
Die Säkularisation des Hochstifts Bamberg 1802/03*, Bamberg 2003, S. 326

12 Zitiert nach: Bayerischer Landtag, Drucksache 15/5583 vom 18.05.2006

13 *Ehrenbuch der Fugger*, zitiert nach Mark Häberlein: *Die Fugger – Geschichte
einer Augsburger Familie*, Stuttgart 2006, S. 21

14 Wilhelm Heinrich Riehl: *Culturstudien aus drei Jahrhunderten*, Stuttgart
1859, S. 284

15 Jordanes: *De origine actibusque Getarum*, kurz *Getica = Geschichte der Goten*,
hg. von Theodor Mommsen, Berlin 1882, S. 130, MGH Auct. ant. 5,1; im
lateinischen Original lautet das Zitat:»Nam regio illa Suavorum ab oriente
Baibaros habet, ab occidente Francos ...«

16 Franz Hugo Mösslang: *Deutschland deine Bayern – Die weiß-blaue Extrawurscht*, Hamburg 1969, S. 178

17 Karl Gattinger: *Bier und Landesherrschaft – Das Weißbiermonopol der Wittelsbacher unter Maximilian I. von Bayern*, München 2007

18 Im Original (Tacitus: *Germania*, Kapitel 5) lautet die Passage »terra silvis hor-
rida et paludibus foeda«

19 Günter Moser und Bernhard Setzwein: *Die Oberpfalz – Weites Land, weite
Blicke*, Amberg 2008, S. 6

20 Franz Xaver Schönwerth: *Aus der Oberpfalz – Sitten und Sagen*, Augsburg
1857, Bd. 1, S. 18

21 Bernhard Grueber und Adalbert Müller: *Der bayrische Wald*, Regensburg
1846, S. 1

22 Ebd., S. 2

23 Vgl. *www.naturpark-bayer-wald.de/klima.html*

24 Benno Hubensteiner: *Niederbayern und die Niederbayern – Ein Bekenntnis*, in:
Gepflegtes und »Ungepflegtes« – Lebendige Volksmusik in Niederbayern, hg. v.
Ingrid Sepp, München 1993, S. 34-39, hier S. 36f.

25 Ebd., S. 37

26 Marion Klötzer: *Ein Bayer wie dieser*, in: *Badische Zeitung*, 31.01.2009

27 Felix Dahn u.a. (Hg.): *Bavaria – Landes- und Volkskunde des Königreichs Bayern*, Bd. 1, *Ober- und Niederbayern*, München 1860, S. 995

28 Ebd., S. 996

29 Zitiert nach *www.leo-bw.de/detail/-/Detail/details/PERSON/kgl_biographien/
1107640393/Steigenberger+Albert+Theodor*

30 Zitiert nach Anke Sonnek: *Emanuel Schikaneder – Theaterprinzipal, Schauspieler und Stückeschreiber*, Kassel u.a. 1999, S. 248

31 Der österreichische Schriftsteller H. E. Jacob, zitiert nach Kurt Pahlen: *Geschichte und Legende der Zauberflöte*, in: Wolfgang Amadeus Mozart: *Die Zauberflöte – Textbuch, Einführung und Kommentar*, 7. Auflage, Mainz/München 1991, S. 137

32 Benno Hubensteiner: *Land vor den Bergen*, München 1970, S. 265

33 Ludwig Ganghofer: *Die Martinsklause – Roman aus dem Anfang des 12. Jahrhunderts*, Berlin 1929 (1. Auflage 1894), S. 10

34 Vgl. etwa *www.naturpark-altmuehltal.de/sehenswertes/ingolstaedter_klenzepark-28250*

35 Zitiert nach Gerhard Schober: *Prunkschiffe auf dem Starnberger See*, Neuausgabe, Waakirchen 2008

36 Brandbrief des Tegernseer Bürgermeister Johannes Hagn vom 24.03.2020 im Namen aller »Talbürgermeister« an Ilse Aigner, Präsidentin des Bayerischen Landtags, zitiert nach *Münchner Merkur* vom 23.03.2020

37 Reinhard Wittmann: *Wie der bayerische Seppl entstand – Ein Klischee und seine Hintergründe*, zitiert nach *www.bairische-sprache.at/Index/Texte/texte2.htm*

38 Joseph von Westphalen: *Ein Land für alle Spielarten der Seligkeit*, in Kathrin Sander (Hg.): *Oberbayern*, Merian Jg. 53, Nr. 6, Hamburg 2000, S. 34

39 Sebastian Franck: *Weltbuch – spiegel vn[d] bildtnis des gantzen erdtbodens*, Tübingen 1534, Scan 119, https://reader.digitale-sammlungen.de/de/fs1/object/display/bsb10196806_00119.html

40 Ebd., Scan 118, https://reader.digitale-sammlungen.de/de/fs1/object/display/bsb10196806_00118.html

41 Franz Hugo Mösslang: *Deutschland deine Bayern – Die weiß-blaue Extrawurscht*, Hamburg 1969, S. 61f.

42 Ebd., S. 62

43 Zitiert nach Gerhard Pallmann (Hg.): *Karl Valentins Panoptikum*, München 1952, S. 141

44 Eduard Stemplinger: *Wir Altbayern*, München 1946, S. 136f.

45 *Aus dem Vollen – Wirbel um den bayerischen Säulenheiligen: Im Alter schrieb er antisemitische Hetzartikel*, in: *Der Spiegel*, 21.08.1989

46 *Miesbacher Anzeiger*, 21.03.1921, zitiert nach *www.historisches-lexikon-bayerns.de/images/d/d5/Artikel_44767_bilder_value_2_miesbacheranzeiger2.jpg*

47 *Miesbacher Anzeiger*, zitiert nach *www.literaturportal-bayern.de/ludwig-thoma-reihe?task=lpbblog.default&id=1403*

48 Gemeint sind Homosexuelle

49 *Miesbacher Anzeiger*, 17.07.1920, zitiert nach *www.literaturportal-bayern.de/themen?task=lpbtheme.default&id=1122*

50 Gerd Holzheimer: *Denk dir nix – Ein Bayern-Lexikon*, Leipzig 1999, S. 183

51 Ebd., S. 182

52 Zitiert nach Eduard Stemplinger: *Wir Altbayern*, München 1946, S. 137

53 Carl Orff: *Bairisches Welttheater*, München o. J. (1972), S. 105

54 Friedrich Nicolai: *Beschreibung einer Reise durch Deutschland und die Schweiz im Jahre 1781 – Nebst Bemerkungen über Gelehrsamkeit, Industrie, Religion und Sitten*, 12 Bde., Berlin/Stettin 1783-1796, hier Bd. 6, S. 754

55 Johannes Thurmair, genannt Aventinus: *Bayerische Chronik*, Buch I, in: *Johannes Thurmair's, genannt Aventinus, sämmtliche Werke*, hg. v. Matthias von Lexer und Sigmund von Riezler, Bd. 4.1, München 1882, S. 42

56 Im lateinischen Original lautet die Passage: »O! felix Patria, ubi Acetum, quod alibi studioso Labore fit, sua sponte nascitur.« Wiguläus Xaverius Aloysius von Kreittmayr: *Anmerkungen über den Codicem Maximilianeum Bavaricum Civilem*, Bd. 2, München 1761, S. 1443

57 Ludwig Buhl (Hg.): *Memoiren von Jakob Casanova von Seingalt*, 18 Bde., Berlin 1851, hier Bd. 15, S. 17

58 *Das büech der gemeinen Landpot, Landsordnung, Satzung vnnd Gebreüch des Fürstenthumbs in Obern vnnd Nidern Bairn*, München 1545, Vierter Teil, Blatt 36, verso

59 Johann Pezzl: *Reise durch den Baierschen Kreis*, Salzburg/Leipzig 1784, S. 221

60 *Heinrich Laube's Novellen*, Dritter Teil, *Reisenovellen*, 2. Auflage, Mannheim 1847, S. 25

61 Johannes Thurmair, genannt Aventinus: *Bayerische Chronik*, Buch I, in: *Johannes Thurmair's, genannt Aventinus, sämmtliche Werke*, hg. v. Matthias von Lexer und Sigmund von Riezler, Bd. 4.1, München 1882, S. 42

62 Franz Kotteder: *Lob des Scheiterns*, in: *Süddeutsche Zeitung*, 22./23.08.2020

63 Luise von Kobell: *Unter den vier ersten Königen Bayerns*, 2 Bde., München 1894, hier Bd. 2, S. 237

64 Gustav von Blome am 14.06.1866 in einem Bericht nach Wien, zitiert nach Rupert Hacker (Hg.): *Ludwig II. von Bayern in Augenzeugenberichten*, Düsseldorf 1966, S. 119

65 Julius Fröbel: *Ein Lebenslauf – Aufzeichnungen, Erinnerungen und Bekenntnisse*, 2 Bde., Stuttgart 1890/91, hier Bd. 2, S. 467f.

66 Zitiert nach Hans Rott (Hg.): *Die Schriften des Pfalzgrafen Ottheinrich*, in: *Mitteilungen zur Geschichte des Heidelberger Schlosses* 6 (1912), S. 21-191, hier S. 142

67 Vgl. Gedenktafel am Durchgang zum Brunnenhof der Münchner Residenz

68 Johann Andreas Schmeller: *Bayerisches Wörterbuch*, Bd. 2, Stuttgart/Tübingen 1828, S. 533

69 Der Churfürstlichen Durchl[aucht]. in Bayrn/etc. Fürstenthumbs Obern Pfatlz
    Polizey Ordnung, in: Landrecht Der Churfürst[lichen]. Du[rchlaucht]. in Bayrn,
    etc. Fürstenthumbs der Obern Pfaltz, München 1657 = S. 344f.

70 Arbeo von Freising: Leben und Leiden des hl. Märtyrers Emmeram, in Bayeri-
    sche Bibliothek – Texte aus zwölf Jahrhunderten, hg. von Hans Pörnbacher und
    Benno Hubensteiner, 5 Bde., München 1978, hier Bd. 1, Mittelalter und Hu-
    manismus, S. 6f.; der lateinische Originaltext lautet: »Sacer Dei famulus …
    prospiciens ipsam terram optimam, superficie amoenam, nemorosis locuple-
    tem, vino copiosam, ferro superfluam, auro et argento et purporis habundan-
    tem, proceros viros et robustos … humum fertilem et segetum habundantem,
    iumentis et gregum omniumque, ut pene superficies telli coopertus esse vide-
    batur, melli et apium copia epode habundans, piscium multitudine in stagnis
    et in amnis infusa, prospicuissimis fontibus et rivolis inrigua, sale, prout opus
    erat, condita … Regionis montana fructifera, pascuis dedita, herbis habun-
    dantia, feris saltus et frutecta cervis, alcis, bubulis, capraeis, ibicum et omni-
    um bestiarum atque ferarum generibus ornata.«

71 Friedrich Nicolai: Beschreibung einer Reise durch Deutschland und die Schweiz
    im Jahre 1781 – Nebst Bemerkungen über Gelehrsamkeit, Industrie, Religion
    und Sitten, 12 Bde., Berlin/Stettin 1783-1796, hier Bd. 6, S. 749

72 Ebd., S. 771

73 Ebd., S. 772

74 Ebd., S. 771

75 Ebd., S. 753

76 Ebd., S. 773

77 Ebd., S. 774

78 Oskar Panizza: Dialoge im Geiste Hutten's ueber die Deutschen, ueber das Un-
    sichtbare, ueber die Stadt München, ueber die Dreieinigkeit – Ein Liebes-Dialog,
    Zürich 1897, S. 75-99

79 Zitiert nach der Historisch-Kritischen-Gottfried-Keller-Ausgabe (HKKA),
    Schreibbuch Ms. GK 3, Nr. 17, München

80 Zitiert nach Karl Theodor von Heigel: Steub, Ludwig, in: Allgemeine Deutsche
    Biographie 36 (1893), S. 135-140

81 Theodor Fontane an Theodor Storm, Berlin 19.03.1853, zitiert nach Gabri-
    ele Radecke (Hg.): Theodor Fontane-Theodor Storm – Der Briefwechsel, Berlin
    2018, S. 5

82 Kontrollratsgesetz Nr. 46 vom 25.02.1947, in: Journal officiel du Commande-
    ment en Chef Français, 1947, Ausgabe 58, S. 582

83 Franz Hugo Mösslang: Deutschland deine Bayern – Die weiß-blaue Extra-
    wurscht, Hamburg 1969, S. 15

84 Friedrich Nicolai: Beschreibung einer Reise durch Deutschland und die Schweiz

im Jahre 1781 – Nebst Bemerkungen über Gelehrsamkeit, Industrie, Religion und Sitten, 12 Bde., Berlin/Stettin 1783-1796, hier Bd. 6, S. 578

85 Ebd., S. 581

86 Eduard Stemplinger: *Wir Altbayern,* München 1946, S. 102

87 Zitiert nach Michael Henker: *Naturwissenschaft in Bayern,* in: *Bavaria, Germania, Europa – Geschichte auf Bayerisch,* hg. v. Michael Henker u.a., Augsburg 2000, S. 179-226, hier S. 179

88 Friedrich Nicolai: *Beschreibung einer Reise durch Deutschland und die Schweiz im Jahre 1781 – Nebst Bemerkungen über Gelehrsamkeit, Industrie, Religion und Sitten,* 12 Bde., Berlin/Stettin 1783-1796, hier Bd. 6, S. 581

89 Zitiert nach Eduard Stemplinger: *Die alte Truhe – Baierns Geisteskultur in Anekdoten,* Donauwörth o. J. (1948), S. 212

90 *Münchner Intelligenzblatt* vom 17.07.1779, S. 273-276, hier S. 274

91 Emil Bauer: *Gabelsberger, Franz Xaver,* in: *Allgemeine Deutsche Biographie,* hg. v. der Historischen Kommission bei der Bayerischen Akademie der Wissenschaften, Bd. 8 (1878), S. 291-293

92 Rudolf Reiser: *Königsmord am Starnberger See – Wie und warum Ludwig II. am 13. Juni 1886 sterben mußte,* München 2002, S. 79

93 Karl Valentin: *Die Fremden,* in derselbe: *Gesammelte Werke,* Bd. 1, *Monologe und Dialoge,* München/Zürich 1981, S. 158

94 Zitiert nach *www.erzbistum-muenchen.de/glaube/heilige-selige/hl-valentin/69289*

95 Maximilian Rassler: *Heiliges Bayer-Land,* Bd. 2, *Die Heilige vom Jahr Tausend bis auf Tausend Sechs Hundert und Zwainzig,* Augsburg 1714, S. 119

96 Richard Bauer: *Geschichte Münchens,* 2. Auflage, München 2005, S. 89

97 Zitiert nach Helmuth Stahleder: *Chronik der Stadt München,* Bd. 3, *Erzwungener Glanz – Die Jahre 1706-1818,* Ebenhausen/Hamburg o. J. (2005), S. 323

98 Christiane Wunnicke: *Die Nachtigall des Zaren – Das Leben des Kastraten Filippo Balatri,* München 2010, S. 125

99 Ebd., S. 124f.

100 Gerhard Führer, der letzte Abt von Fürstenfeld, in seiner Klosterchronik, zitiert nach Christiane Wunnicke: *Die Nachtigall des Zaren – Das Leben des Kastraten Filippo Balatri,* München 2010, S. 160

101 Herbert Achternbusch: *Die Olympiasiegerin,* Frankfurt am Main 1982, S. 11

102 Zitiert nach *www.literaturportal-bayern.de/autorinnen-autoren?task=lpbauthor.default&pnd=118500422*

103 Ludwig Rübekeil: *Bayern (Name),* publiziert am 02.10.2019 in: *Historisches Lexikon Bayerns*

104 Martina Scherf: *Der Mensch kann nicht in Isolation leben – Die Europäer sind genetisch betrachtet ein bunter Mix*, Interview mit Philipp Stockhammer, in: *Süddeutsche Zeitung*, 08./09.08.2020

105 Friedrich Prinz: *Die Geschichte Bayerns*, München 1997, S. 38

106 Bundespräsident Frank-Walter Steinmeier am 03.10.2020 in seiner Potsdamer Rede zum 30. Jahrestag der Deutschen Einheit; Steinmeier bezog »Glückskinder« in seiner Rede freilich auf »die Deutschen«

107 Benno Hubensteiner: *Traktat über das Bayerische*, in: *Bayerische Symphonie*, Bd. 1, *Land und Volk – Geschichte und Staat*, hg. v. Herbert Schindler, München 1967, S. 12

108 Thomas Mann in einer Rede zum 100. Todesstag Goethes, zitiert nach Hanns Arens: *Unsterbliches München – Streifzüge durch 200 Jahre literarischen Lebens der Stadt*, 3 Bde., Neudruck, München 1976, hier Bd. 2, S. 493

109 Leo Trotzki: *Mein Leben – Versuch einer Autobiographie*, Berlin 1929, Kapitel 13, *Rückkehr nach Rußland*

110 Zitiert nach Nikolaus Brauns: *Herr Meyer aus der Kaiserstraße – Wie Lenin in München den Sturz des Zarismus vorbereitete*, in: *bayern*, Beilage der *jungen Welt*, 18.11.2006

111 Tegernseer Briefsammlung, Bayerische Staatsbibliothek München, Clm 19411, fol. 114 verso; neuhochdeutsche Übersetzung: »Du bist mein, / ich bin dein. / Dessen sollst du gewiss sein. / Du bist eingeschlossen / in meinem Herzen, / verloren ist das Schlüsselchen: / Du musst auch für immer darin bleiben.« (Thomas Bein: *Deutschsprachige Lyrik des Mittelalters – Von den Anfängen bis zum 14. Jahrhundert* [*Grundlagen der Germanistik*, Bd. 62], Berlin 2017, S. 84 ff.)

112 Ödön von Horvath: *Zur schönen Aussicht*, in: *Spectaculum*, Bd. 18, *Fünf moderne Theaterstücke*, Frankfurt am Main 1973, S. 265

113 Michael Henker u.a. (Hg.): *Bavaria, Germania, Europa – Geschichte auf Bayerisch*, Augsburg 2000, S. 73

114 Abraham a Santa Clara, zitiert nach Georg Queri: *Kraftbayrisch – Ein Wörterbuch der erotischen und skatologischen Redensarten der Altbayern*, hg. von Michael Stephan, 2. Auflage, München 2010, S. 122

115 Eduard Stemplinger: *Die alte Truhe – Baierns Geisteskultur in Anekdoten*, Donauwörth o. J. (1948), S. 113

116 Tina Hildebrandt: *Die schwarze Seele*, in: *Die Zeit*, 24.07.2008

117 Lena Christ: *Die Rumplhanni*, München 1916, S. 269

118 Gerd Holzheimer: *Denk dir nix – Ein Bayern-Lexikon*, Leipzig 1999, S. 47

119 Vgl. das Gemälde von Philipp Foltz: *König Maximilian II. und Königin Marie von Bayern mit Jagdgesellschaft am Fuße des niederen Straussbergs bei Schwangau*, 1852, abgebildet bei Luitpold von Bayern (Hg.): *Die Wittelsbacher – Ein*

Jahrtausend in Bildern, München 2014, S. 464f.

120 Zitiert nach *www.trachtenverein-emmering.de/historisches/josef-vogl-gründer-der -trachtenbewegung*

121 Johann Kaspar Riesbeck: *Briefe eines reisenden Franzosen über Deutschland an seinen Bruder zu Paris*, 2 Bde., 2. Auflage, Zürich 1784, hier Bd. 1, S. 102

122 Friedrich Schlichtegroll (Hg.): *Nekrolog der Teutschen für das neunzehnte Jahrhundert*, Bd. 1, Gotha 1802, S. 162

123 Ebd., S. 162f.

124 Ebd., S. 163

125 Nekrolog auf Johanna Sophia Kettner im *Gnädigst privilegirten Eichstätter Intelligenz-Blatt*, 30.01.1802, S. 19

126 Friedrich Schlichtegroll (Hg.): *Nekrolog der Teutschen für das neunzehnte Jahrhundert*, Bd. 1, Gotha 1802, S. 164

127 Ebd., S. 166

128 Eugen Trapp: *Blomberg, Barbara*, in: *Neue Deutsche Biographie*, Bd. 2, 1955, S. 314

129 Titulatur Karls V. laut *Der Stadt Hamburg Statuta und Gerichts-Ordnung* von 1554, zitiert nach *https://de.wikisource.org/wiki/Der_Stadt_Hamburg _Statuta_und_Gerichts_Ordnung/Privilegium_Appellationis*

130 Inschrift am Gasthof *Goldenes Kreuz* in Regensburg

131 Hans Carossa: *Das Jahr der schönen Täuschungen*, Leipzig 1941, S. 261

132 Anita Augspurg: *Offener Brief*, 1905, zitiert nach Zara S. Pfeiffer: *Die Geschichte der Frauenbewegung in München*, München 2012, S. 65

133 Ebd., S. 67

134 Handzettel zur Ausstellung *Entartete Kunst* 1937 im *Archäologischen Institut* an der Galeriestraße in München

135 Thomas Mann: *Deutsche Hörer!*, Sendung vom 27.06.1943, in derselbe: *55 Radiosendungen nach Deutschland*, Stockholm 1945, S. 92-94, hier S. 94; zu Thomas Manns Einschätzung der *Weißen Rose* vgl. Martina Hoffschulte: *»Deutsche Hörer!« – Thomas Manns Rundfunkreden (1940 bis 1945) im Werkkontext*, Münster 2003, S. 303ff.

136 Zitiert nach den Aufzeichnungen Konrad Adenauers vom 09.11.1922, www.konrad-adenauer.de/quellen/aufzeichnungen/1922-11-09-polit-lage -katholizismus

137 David Clay Large: *Hitlers München – Aufstieg und Fall der Hauptstadt der Bewegung*, 2. Auflage, München 2003, S. 250

138 Jakob Philipp Fallmerayer: *Fragmente aus dem Orient*, Bd. 1, Stuttgart und

Tübingen 1845, S. 2

139 Ebd., S. 1

140 Ebd., S. 4

141 Ebd., S. 6

142 Ebd., S. 2

143 Ebd., S. 4

144 Zitiert nach Franz Trautmann: *Die Abenteuer Herzogs Christoph von Bayern genannt der Kämpfer – Ein Volksbuch, darin gar viel Frohes, Düsteres und Wundersames aus längst vergangenen Zeiten zum Vorschein kommt*, 2 Bde., Frankfurt am Main 1853, hier Bd. 2 S. 411

145 Ebd., S. 411f.

146 Ebd., S. 412

147 Ebd., S. 417

148 Ebd., S. 418

149 Ebd., S. 419

150 Zitiert nach Folker Reichert: *Die Reise des Pfalzgrafen Ottheinrich zum Heiligen Land 1521*, Regensburg 2005, S. 120

151 Ebd., S. 122

152 Ebd., S. 144

153 Ebd., S. 174

154 Ebd., S. 192

155 Ebd., S. 204

156 Ebd., S. 222

157 Therese von Bayern, zitiert nach Hadumod Bußmann: »*Ich habe mich vor nichts im Leben gefürchtet*«– *Die ungewöhnliche Geschichte der Therese Prinzessin von Bayern*, 4. Auflage, München 2012, S. 272

158 Johannes Thurmair, genannt Aventinus: *Bayerische Chronik*, Buch I, in: *Johannes Thurmair's, genannt Aventinus, sämmtliche Werke*, hg. v. Matthias von Lexer und Sigmund von Riezler, Bd. 4.1, München 1882, S. 42

159 Zitiert nach Dorit Maria Krenn: *Lebensminiaturen berühmter Straubinger*, Straubing 1999, S. 26

160 Hans Kratzer: *A »hoiba Breiss« kriegt den Preis*, zur Auszeichnung von Werner Schmidbauer mit der *Bairischen Sprachwurzel*, in: *Süddeutsche Zeitung*, 22./23.08.2020

161 Liesl Karlstadt: *Singt Chinesisch*, auf der CD: *München – Volkssänger – Rare*

Schellacks 1902-1948, München 1994

162 Georg Fuchs (Hg.): *Ausstellung von Meisterwerken muhammedanischer Kunst – Amtlicher Katalog mit Grundriss-Plan und Lage-Plan*, München 1910, S. 99

163 Bayerisches Hauptstaatsarchiv, GL Obere und Junge Pfalz, Neuburg 6 1/3

164 Ernst Kopp, zitiert nach Winfried Nerdinger (Hg.): *Leo von Klenze – Architekt zwischen Kunst und Hof*, München/London/New York 2000, S. 374

165 Zitiert nach Rosalie Braun-Artaria: *Von berühmten Zeitgenossen – Lebenserinnerungen einer Siebzigerin*, 8. Auflage, München 1918, S. 45

166 Zitiert nach Wolfgang Fruth: *Die Maximilianstraße und ihr Architekt Friedrich Bürklein*, hg. vom Bayerischen Landtag, München 2015, S. 26

167 Louise von Kobell: *König Ludwig der Zweite von Bayern und die Kunst*, München 1898, S. 447f.

168 Zitiert nach Michael Dirrigl: *Ludwig I. – König von Bayern*, München 1980, S. 141

169 Zitiert nach Florian Sendtner: *Martin Sperr benannte die Barbarei*, in: *Mittelbayerische Zeitung*, 18.10.2015

170 Ludwig II. an Sybilla von Leonrod, Berg, 02.09.1871, zitiert nach Gisela Haasen: *Ludwig II. – Briefe an seine Erzieherin*, München 1995, S. 78

171 Ludwig II. an Karl Hesselschwerdt, ohne Ort und Datum, zitiert nach Jean Louis Schlim: *Ludwig II. – Traum und Technik*, 2. Auflage, München 2010, S. 132

172 Ludwig Steub: *Wanderungen im bayerischen Gebirge*, 2. Auflage, München 1864, S. 277

173 Zitiert in Anlehnung an Nationalpark Berchtesgaden/Alfred Spiegel-Schmidt (Hg.): *Alte Forschungs- und Reiseberichte aus dem Berchtesgadener Land*, Forschungsbericht 14, Berchtesgaden 1998, S. 7

174 Joseph von Westphalen: *Ein Land für alle Spielarten der Seligkeit*, in Kathrin Sander (Hg.): *Oberbayern*, Merian Jg. 53, Nr. 6, Hamburg 2000, S. 34

175 Zitiert nach *www.br.de/presse/inhalt/intendant/festvortrag-bayerischer-verdienstorden-2018-100.html*; siehe (verkürzt) auch bei Werner Bätzing: *Die Alpen – Geschichte und Zukunft einer europäischen Kulturlandschaft*, 2. Auflage, München 2003, S. 301

176 Katholischer Priester, der die Frühmesse (also eine morgendliche Eucharistiefeier) zelebriert

177 Heinrich Heine an Wolfgang Menzel, München 12.01.1828, in: Fritz H. Eisner: *Heinrich Heine – Säkularausgabe*, Bd. 20, *Briefe 1815-1831*, Berlin/Paris 1979, S. 316

178 Ludwig Thoma (Text) und Olaf Gulbransson (Zeichnungen): *Der Münchner im Himmel*, in *Simplicissimus* 1912, Heft 54, S. 2

179 Roman Deininger: *Bis in alle Ewigkeit – Vor 75 Jahren wurde die CSU gegründet*, in: *Süddeutsche Zeitung*, 12./13.09.2020

180 Johann Kaspar Riesbeck: *Briefe eines reisenden Franzosen über Deutschland an seinen Bruder zu Paris*, 2 Bde., 2. Auflage, Zürich 1784, hier Bd. 1, S. 104

181 Zitiert nach Johannes Timmermann u.a.: *Bayernhymne*, publiziert am 31.05.2017 in *Historisches Lexikon Bayerns*

182 *www.historisches-lexikon-bayerns.de/images/2/2a/Staatsgrundgesetz_Bayern_1919.pdf*

183 Sebastian von Rotenhan, zitiert nach Ijoma Mangold: *Adel – Eine Klasse für sich*, in: *Die Zeit*, 07.10.2010

184 Gloria von Thurn und Taxis am 09.05.2001 in der ARD-Talkshow *Friedman*, zitiert nach *Der Spiegel*, 16.05.2001

185 Gloria von Thurn und Taxis im Oktober 2015 bei einem Kamingespräch im Wittelsbacher Golfclub Rohrenfeld, zitiert nach dem *Donaukurier*, 01.10.2015

186 Gerhard Ludwig Müller, *1947 in einem heutigen Ortsbezirk der rheinland-pfälzischen Landeshauptstadt Mainz, 2002-2012 katholischer Bischof von Regensburg, ab 2012 Präfekt der Glaubenskongregation in Rom, wurde nach Ende seiner Amtszeit 2017 gegen seinen Wunsch von Papst Franziskus in den Ruhestand verabschiedet, gilt aufgrund seiner erzkonservativen Haltung als »Hardliner«, »Scharfmacher« und »Gegenpapst« (Niclas Seydack: *Gerhard Ludwig Müller – Von der Macht zur Ohnmacht*, in: *Die Zeit*, Beilage *Christ & Welt*, 29.01.2020), unterschrieb anlässlich der Corona-Krise im Mai 2020 einen Aufruf, der u.a. kritisiert wurde als »krude Verschwörungstheorien ohne Fakten und Belege, verbunden mit einer rechtspopulistischen Kampf-Rhetorik, die beängstigend klingt« (Klaus Pfeffer, Generalvikar des Bistums Essen auf *Facebook*); anlässlich der US-Wahl im Herbst 2020 riet er öffentlich davon ab, Joe Biden, den demokratischen Bewerber um das Amt des Präsidenten, zu wählen (Andreas Öhler: *Der Donald Trump der Katholiken*, in: *Die Zeit*, Beilage *Christ & Welt*, 07.10.2020)

187 Niclas Seydack: *Gerhard Ludwig Müller – Von der Macht zur Ohnmacht*, in: *Die Zeit*, Beilage *Christ & Welt*, 29.01.2020

188 *www.regensburg-digital.de/thurn-und-taxis-enteignen-keine-500-zimmer-fuer-eine-adelsfamilie/03122015*

189 *www.prolos.info/2017/11/16/bekanntmachung-des-kommandos-thurn-und-taugt-nix*

190 Vgl. Tobias Appl: *Die Kirchenpolitik Herzog Wilhelms V. von Bayern – Der Ausbau der bayerischen Hauptstädte zu geistlichen Zentren*, München 2011, S. 38

191 Hermann Rumschöttel: *Der König und seine Kirchenbauten*, Vortrag im Rahmen der 8. Sommerakademie der Abtei St. Bonifaz zum Thema *Ludwig I. König von Bayern – Stifter der Abtei St. Bonifaz zum 150. Todestag* am 26. Juni 2018, publiziert in *Münchner Theologische Zeitschrift* 69 (2018), S. 379-392, hier S. 383

192 Johannes Thurmair, genannt Aventinus: *Bayerische Chronik*, Buch I, in: *Johannes Thurmair's, genannt Aventinus, sämmtliche Werke*, hg. v. Matthias von Lexer und Sigmund von Riezler, Bd. 4.1, München 1882, S. 42

193 Friedrich Nicolai: *Beschreibung einer Reise durch Deutschland und die Schweiz im Jahre 1781 – Nebst Bemerkungen über Gelehrsamkeit, Industrie, Religion und Sitten*, 12 Bde., Berlin/Stettin 1783-1796; hier Bd. 6, S. 713

194 Schlagzeile auf der Titelseite der *Bild*, 20.04.2020

195 Frédéric Martel: *Sodom – Macht, Homosexualität und Doppelmoral im Vatikan*, Frankfurt am Main 2019, S. 96

196 Friedrich von Raumer: *Geschichte der Hohenstaufen und ihrer Zeit*, Bd. 4, Leipzig 1824, S. 571

197 Mauritius Choriol, ehemaliger Souschef im Luxemburger Sterne-Restaurant *Patin d'Or*, seit 2014 Abt des Klosters Tholey im Saarland, in Titus Arnu: *Hier kocht der Abt*, in: *Süddeutsche Zeitung*, 26./27.09.2020

198 P. Basilius Steidle OSB (Hg.): *Die Regel des hl. Benedikt*, 13. Auflage, Beuron 1983, S. 77

199 Johannes Thurmair, genannt Aventinus: *Bayerische Chronik*, Buch I, in: *Johannes Thurmair's, genannt Aventinus, sämmtliche Werke*, hg. v. Matthias von Lexer und Sigmund von Riezler, Bd. 4.1, München 1882, S. 42

200 *Krämer*, der mit *Gebeinen* handelt

201 Erschienen 1871 (in zwei Teilen) in den *Fliegenden Blättern*, Nr. 1.363 (Ausgabe 09/1871, S. 65-67) und Nr. 1.364 (Ausgabe 10/1871, S. 73 und 74)

Lesetipps

Links

- Internet-Portal des Freistaats Bayern zur Präsentation von Kunst-, Kultur- und Wissensschätzen: *www.bavarikon.de*
- Online-Lexikon zur bayerischen Geschichte: *www.historisches-lexikon-bayerns.de*
- Internet-Präsenz des *Instituts für Bayerische Geschichte* an der *Ludwig-Maximilians-Universität* München: *www.bayerische-geschichte.uni-muenchen.de*
- Internetpräsenz des Hauses der Bayerischen Geschichte (Veranstalter der *Bayerischen Landesausstellungen* und Betreiber des *Museums der Bayerischen Geschichte* in Regensburg): *www.hdbg.de*
- Internetpräsenz der Wittelsbacher, der ehemaligen Herrscherfamilie Bayerns: *www.haus-bayern.com*
- Internetpräsenz für die Literatur in Bayern mit einem Überblick über die weiß-blaue Literaturlandschaft: *www.literaturportal-bayern.de*
- Internetpräsenz der Buchmesse *litera bavarica* (*Die Welt der bayerischen Bücher – Publikationen und Informationen zu München, Bayern und zur europäischen Kulturgeschichte*): *www.litera-bavarica.de*
- Internetpräsenz der Histonauten mit dem *bavaricum@histonauten*, einer kleinen Akademie für bayerische Kulturgeschichte: *www.histonauten.de*

Bücher

- Werner Bätzing: *Die Alpen – Geschichte und Zukunft einer europäischen Kulturlandschaft*, 2. Auflage, München 2003
- Richard Bauer: *Geschichte Münchens – Vom Mittelalter bis zur Gegenwart*, 2. Auflage, München 2005

- Volker Dahm, Albert Feiber u.a. (Hg.): *Die tödliche Utopie – Bilder, Texte, Dokumente und Daten zum Dritten Reich*, 7. Auflage, München/Berlin 2016
- Roman Deininger: *Die CSU – Bildnis einer speziellen Partei*, München 2020
- Renate Eikelmann (Hg.): *Die Wittelsbacher und das Reich der Mitte – 400 Jahre China und Bayern*, München 2009
- Johannes Erichsen u.a. (Hg.): *Bayern & Preußen & Bayerns Preußen*, Regensburg 1999
- Hans Frei und Fritz Stettmayer: *Schwaben in Bayern – Historisch-geographische Landeskunde eines Regierungsbezirks*, Lindenberg im Allgäu 2016
- Hubert Glaser (Hg.): *Wittelsbach und Bayern*, 6 Bde., München/Zürich 1980
- Brigitte Haas-Gebhard: *Die Bajuvaren – Archäologie und Geschichte*, Regensburg 2013
- Benno Hubensteiner: *Traktat über das Bayerische*, in: *Bayerische Symphonie*, hg. v. Herbert Schindler, München 1967, S. 11-17
- Gerald Huber: *Die Reichen Herzöge von Bayern-Landshut – Bayerns goldenes Jahrhundert*, Regensburg 2013
- Gerhard Immler: *Die Wittelsbacher*, Darmstadt 2013
- Wolfgang Jahn bzw. Elisabeth Vavra u.a. (Hg.): *Verbündet, verfeindet, verschwägert – Bayern und Österreich*, 2 Bde., Stuttgart 2012
- Rolf Kießling: *Jüdische Geschichte in Bayern – Von den Anfängen bis zur Gegenwart*, Berlin 2019
- Josef Kirmeier u.a. (Hg.): *200 Jahre Franken in Bayern*, 2 Bde., Augsburg 2006
- Angela Koch (Hg.): *Xenopolis – Von der Faszination und Ausgrenzung des Fremden in München*, Berlin 2005
- Hans-Michael Körner: *Geschichte des Königreichs Bayern*, München 2006

- Dorit-Maria Krenn und Joachim Wild: *»fürste in der ferne« – Das Herzogtum Niederbayern-Straubing-Holland*, Augsburg 2003
- Stefan März: *Das Haus Wittelsbach im Ersten Weltkrieg*, Regensburg 2013
- Winfried Nerdinger: *München und der Nationalsozialismus*, München 2015
- Hans Pörnbacher und Benno Hubensteiner (Hg.): *Bayerische Bibliothek – Texte aus zwölf Jahrhunderten*, 5 Bde., München 1978
- Friedrich Prinz: *Die Geschichte Bayerns*, München/Zürich 1997
- Friedrich Prinz: *Der Weißwurstäquator*, in: *Deutsche Erinnerungsorte*, hg. v. Étienne François und Hagen Schulze, Bd. 1, München 2001, S. 471-483
- Klaus Reichold: *Der Himmelsstürmer – Ottheinrich von Pfalz-Neuburg*, Regensburg 2004
- Klaus Reichold und Thomas Endl: *Die phantastische Welt des Märchenkönigs – Ludwig II.*, 2. Auflage, München 2020
- Rainhard Riepertinger u.a. (Hg.): *Bier in Bayern*, Regensburg 2016
- Alois Schmid und Katharina Weigand (Hg.): *Schauplätze der Geschichte in Bayern*, München 2003
- Alois Schmid und Katharina Weigand Hg.): *Bayern mitten in Europa – Vom Frühmittelalter bis ins 20. Jahrhundert*, München 2005
- Alois Schmid und Katharina Weigand (Hg.): *Die Herrscher Bayerns – 25 historische Portraits von Tassilo III. bis Ludwig III.*, 2. Auflage, München 2006
- Alois Schmid und Katharina Weigand (Hg.): *Bayern nach Jahr und Tag – 24 Tage aus der bayerischen Geschichte*, München 2007
- Alois Schmid und Hermann Rumschöttel (Hg.): *Wittelsbacher-Studien – Festgabe für Herzog Franz von Bayern zum 80. Geburtstag*, München 2013

- Alois Schmid: *Das Alte Bayern – Von der Vorgeschichte bis zum Hochmittelalter*, München 2017
- Ludwig Schrott: *Bayerische Weltfahrer – Erlebnisberichte aus neun Jahrhunderten*, München 1964
- Hubertus Seibert (Hg.): *Bayern und die Protestanten*, Regensburg 2017
- Max Spindler (Hg.): *Handbuch der bayerischen Geschichte*, 6 Bde., München 1967ff. (seither mehrere Überarbeitungen)
- Max Spindler (Hg.): *Bayerischer Geschichtsatlas*, 2 Bde., München 1969
- Alfried Wieczorek u.a. (Hg.): *Die Wittelsbacher am Rhein – Die Kurpfalz und Europa*, 2 Bde., Regensburg 2013
- Stefan Jakob Wimmer: *München und der Orient*, Lindenberg 2012
- Klaus Wolf: *Bayerische Literaturgeschichte – Von Tassilo bis Gerhard Polt*, München 2018

Register

Mehr von Klaus Reichold in der *Edition Luftschiffer:*

Die phantastische Welt des Märchenkönigs
– ein Feuerwerk erstaunlicher Details aus dem Leben Ludwigs II.

Klaus Reichold und Thomas Endl
Die phantastische Welt des Märchenkönigs
Ludwig II.
Biographie

282 Seiten
Broschur mit Klappen
14,90 € (D)
2. Auflage
ISBN 978-3-944936-33-8
(auch als E-Book erhältlich)
Edition Luftschiffer

Als Kind will er Schiffskapitän werden. Als König fördert er die moderne Luftfahrt. In der Nähe von Neuschwanstein plant er einen Chinesischen Sommerpalast. Dass er lange überlegt, Bayern zu verkaufen und auszuwandern, geht aus Unterlagen hervor, die Klaus Reichold und Thomas Endl im Geheimen Hausarchiv der Wittelsbacher aufgestöbert haben. Zur Debatte standen u.a. Afghanistan, Ägypten – und Rügen. Die Autoren portraitieren Ludwig II. als Kind des 19. Jahrhunderts, der eine rasante gesellschaftliche, technische und wirtschaftliche Entwicklung erlebt, aber lieber in die Gegenwelten des Historismus und des Orientalismus flüchtet.

»Wer dieses Buch liest, hat viele Rätsel des Märchenkönigs gelöst, ohne dass das Geheimnisvolle verloren gegangen ist!« (Münchner Abendzeitung)

In den kulturhistorischen Reihen »Die Wittelsbacher privat« und »Auf den Spuren des Märchenkönigs« bieten die Autoren immer wieder Vorträge und Führungen an. Details finden Sie unter *www.histonauten.de.*

Wenn Sie sich auch belletristisch in die Zeit und das Umfeld Ludwigs II. begeben wollen, empfehlen wir Ihnen die historischen Thriller *Ins Herz* und *Ohne Herz*. Verfasser ist Markus Richter, der sich als ehemaliger Kastellan von Schloss Neuschwanstein bestens auskennt.

Markus Richter
Ins Herz
Neuschwanstein-Thriller

372 Seiten
Broschur mit Klappen
14,90 € (D)
3. Auflage
ISBN 978-3-944936-32-1
(auch als E-Book erhältlich)
edition tingeltangel

1875: Auf der Baustelle der Hohenschwangauer »Neuen Burg« (Neuschwanstein) stirbt der Bauführer durch einen Schuss ins Herz. Was die Chronik des Dorflehrers nur knapp notiert, macht Markus Richter zum Ausgangspunkt eines atemlosen Verschwörungsabenteuers.

Die Hofbediensteten Lenz und Klara wollen sich in dieser Nacht näherkommen. Doch sie stolpern in eine mörderische Intrige. Als sie mit dem Mut der Verzweiflung eingreifen, werden sie selber zur Zielscheibe.

»Aus der Unmenge oft zweifelhafter Regionalkrimis sticht Ins Herz *von Markus Richter auf jeden Fall heraus. Nicht nur ein Krimi, ebenso auch Regionalgeschichte, rund um Ludwig II. (...) Hochspannung ist bis zur letzten Seite garantiert.«* (Franz Bumeder, BR - Bayerische Bücherschau)

»Selten wusste ein Autor bei einem historischen Roman so sehr, wovon er erzählt. Offenbar kennt Richter jedes Brett, das beim Bau des Märchenschlosses auf der Baustelle lag, und dieses tiefe Wissen ist es, das den Roman (...) lebendig und zu einer Freude macht.« (Andreas Ammer, Diwan - Das Büchermagazin)

In der Nacht vom 7. auf den 8. November 1918 stürzt mit König Ludwig III. von Bayern der erste deutsche Monarch von seinem Thron. Seine Flucht aus München samt Familie und Bediensteten ist an Pannen kaum zu überbieten. Ein exklusiver Einblick in die ganz private Tragödie der bayerischen Königsfamilie:

Christiane Böhm (Hg.)
Eben noch unter Kronleuchtern ...
Die Revolution 1918/1919
aus Sicht der bayerischen Königstöchtert

180 Seiten mit zahlreichen Abbildungen
Hardcover mit Lesebändchen
18,00 € (D)
3. Auflage
ISBN 978-3-944936-52-9
Edition Luftschiffer

Im Geheimen Hausarchiv der Wittelsbacher hat Christiane Böhm die Tagebücher der Königstochter Wiltrud entdeckt. Sie erlauben einen einzigartigen Blick hinter die Kulissen jener turbulenten Tage, werden in diesem Band erstmals ausführlich veröffentlicht und lassen den Leser in ein Drama von shakespeare'scher Wucht eintauchen:

Die Königin ist sterbenskrank. Ihre Angehörigen fürchten, einem ähnlichen Schicksal anheimzufallen wie die russische Zarenfamilie, die wenige Wochen zuvor ermordet worden ist. Die jüngste Tochter bangt um das Zustandekommen ihrer mühsam arrangierten Ehe. Und ihr Verlobter wird Augenzeuge der tödlichen Schüsse auf den Revolutionsführer und bayerischen Ministerpräsidenten Kurt Eisner.

»Unter den Veröffentlichungen zum 100-jährigen Jubiläum des Frei-
staates Bayern und zum Ende der Wittelsbacher fällt dieses kleine Buch
aus dem Rahmen. Es ist die Perspektive, die es so besonders macht, eben
diese Sicht der Königstöchter. (...) Ein besonderes Zeitdokument, sehr
zu empfehlen!« (Klaus Bovers, Bayern im Buch)

François de Cuvilliés,
geboren im belgischen Hennegau,
wurde dank der Bauaufträge,
die ihm die Wittelsbacher erteilten,
zum Großmeister des
europäischen Rokoko.